LOS PUNTOS SOBRE LAS

Íes

EN LA GRAN COMISIÓN

Miami Lakes, FL 33015

ISBN 13: 978-0-9882231-6-5
ISBN 10:   0-988223163

Distribuido por PALABRA SENDERS, inc.
Miami Lakes, FL. 33015. Para información sobre ventas y descuentos en ventas al por mayor escriba a info@palabradistributors.com
o llame al teléfono 305-4337114

PALABRA SENDERS, inc. es una compañía que tiene como finalidad producir y distribuir biblias, libros y música al por mayor hasta lo último de la tierra.

www.palabrasenders.com

Impreso en Colombia - Printed in Colombia

Índice

Prólogo

Durante más de 40 años de ministerio, el hermano Wilfredo Velásquez ha predicado el evangelio a centenares y hasta miles de personas dentro y fuera de su amada Venezuela. Con su ejemplo ha motivado a muchos, demostrándoles que no necesitan nada más, sino la disposición de servir a Dios, para ser efectivos al momento de compartir las buenas nuevas de salvación. Ha sido un hombre que cree que la persona común prefiere oír las verdades bíblicas reflejadas en un testimonio personal, una experiencia vivida, ya que éstos captan la atención y son recordados por más tiempo; reconoce que a través de compartir historias se construye un puente relacional que Jesús puede utilizar para cruzar de un corazón a otro. El hermano Velásquez es pastor, conferencista, maestro, evangelista, y desde hace poco experimenta como escritor. Una vez le escuché hablar sobre las "Íes" de la Gran Comisión.

En principio me pareció una de las tantas bromas que él procura realizar, pero luego de escucharlo, supe que Dios le había dado una aproximación especial sobre el tema.

Dios guió al pastor Wilfredo en este libro a identificar ideas alrededor de las "Íes" encontradas en Mateo 28:18-20 y en Hechos 1:8. Su deseo es ratificar la importancia de "La Gran Comisión" para todo creyente. Una y otra vez he escuchado al pastor decir, que estos pasajes son los más significativos de la Biblia relacionados con la Gran Comisión, por dos razones básicas. En primer lugar, porque es la última orden registrada dada por Jesús a sus discípulos. En segundo lugar, porque es un llamado especial del mismo Señor Jesucristo para todos sus seguidores, a que actúen específicamente en esta tierra. La Gran Comisión es el final de un evangelio y el comienzo de la fe en acción, para todos los cristianos. Este mandamiento de Jesús es importante, porque es una orden personal a los cristianos de tener una fe profunda en Él, y que en respuesta a ella, compartan el mensaje de Salvación con otros. En este libro usted será retado a abandonar sus planes, para unirse a los planes de Dios; no trata solamente de algo más que tenemos que hacer en nuestra agenda, debe ser la prioridad de nuestra vida. La Gran Comisión es tu comisión, y hacer tu parte es el secreto para una vida con significado. Durante la lectura de cada capítulo serás retado de parte de Dios a unirte a su Voluntad. Será como escuchar el llamado directo del Maestro.

Me maravillo al pensar sobre lo que experimentaron los discípulos que tuvieron el privilegio de estar allí cuando el Señor Jesús declaró estas palabras; me refiero no solo a poder escucharle, sino mirar a los ojos a alguien cuyo amor por las almas le motivó a establecer un mandato que asegurara la posibilidad de salvación para todos los que creyeren en él. Hubiera dado lo que fuera por ver sus ojos. Sin embargo, creo poder imaginar cómo brillaban, llenos de esperanza y seguridad de lo que el poder de Dios logra en la humanidad por medio de la participación de su Iglesia Evidentemente no estuve allí viendo al Señor, pero he visto ese brillo en otros ojos. Me refiero al hecho de que cualquiera que ha podido conversar con el hermano Velásquez sabe que sus ojos brillan de alegría y pasión cuando tiene cualquier oportunidad de hablar del evangelio de Jesús.

La primera vez que vi ese brillo en sus ojos fue cuando, a mi temprana edad, (4 años) él me presentó el mensaje de Salvación; recuerdo que utilizó el pasaje de Apocalipsis 3:20, el cual dramatizó, usando la puerta de entrada de la casa en la que en esa época vivíamos, me dijo que saldría de la casa y una vez afuera tocaría la puerta y yo debía abrir e invitarlo a entrar, de esa forma, según él, podía entender mejor lo que Jesucristo quería hacer en mi vida. De esa manera pude entender mejor el mensaje del evangelio. Ese amor y entrega por Dios, aún siguen motivando mi vida y mi servicio al Señor. Mi oración es que usted, al leer este libro, sea igualmente inspirado y motivado por medio de este siervo de Dios.

Gracias, papá, por mostrarme a Cristo y por traerme a sus pies. Te Amo.

introducción

E n el año 1989, fui invitado a dar una conferencia en un congreso de jóvenes bautistas de Latinoamérica. El tema que debía desarrollar era: "Jesús nuestra pasión y triunfo en la evangelización".

El impacto que produjeron en algunos de los presentes los principios que se compartieron, en esa ocasión, fueron tan contundentes, que uno de ellos se me acercó llorando, y diciendo repetidas veces: "tú tienes que ir a mi país, mi gente debe escuchar lo que tú enseñaste". Era un joven de Ecuador.

Después de esa experiencia, creció en mí una profunda necesidad de escribir algo más sobre el tema de la importancia de la evangelización. Fue entonces cuando decidí escribir un libro que llevaría como título: "La evangelización, la urgencia de los siglos".

Pero pasaron los años, y llegamos al nuevo milenio, y mi proyecto no estaba terminado. Entonces me vi obligado a cambiar el título original en el que había pensado, y ahora se llamaría: "La evangelización, urgencia del milenio".

Para entonces, había acumulado algún material de apoyo para mi proyecto del libro, y un día cualquiera, mientras leía lo que tenía, saltó a la vista una idea en la que nunca antes había pensado: desarrollar el tema de la evangelización, basado sobre Mateo 28:18-20 y Hechos 1.8, usando 10 íes. Me propuse no sólo tratar el punto de la evangelización, sino todo lo que involucra La Gran Comisión.

Fui atrapado con esa idea, y con el paso del tiempo fue tomando forma. Creía que tenía una interesante manera de presentar el tema de La Gran Comisión y así motivar al pueblo de Dios a asumir con responsabilidad e interés esa tarea tan descuidada. Comencé a pedirle a Dios me ayudara a concretar esa nueva idea, incluyendo un nuevo título, porque los dos anteriores no concordaban con el nuevo enfoque que estaba desarrollando. Y así surgió el título que lleva este libro. Creo que fue una respuesta a mis oraciones.

Así que, les animo a leer en forma muy sencilla lo que el Señor Jesucristo, en reiteradas ocasiones, afirmó en relación con la evangelización del mundo.

No dudo de que Él quiera que estemos apercibidos sobre este importantísimo mandamiento, el cual ha sido abundantemente tratado y al mismo tiempo tan ignorado; de tal manera que refiriéndonos a la Gran Comisión, pudiéramos también afirmar que es "la gran omisión". La cruda y triste realidad es que son pocas las iglesias cristianas a nivel mundial que cuentan con un movimiento de evangelización permanente.

No sólo es mi oración, sino que tengo una profunda convicción de que el contenido de este libro será usado por Dios de tal manera, que muchos cambiarán de una actitud de desobediencia a una obediencia gozosa frente a la tarea de "hacer discípulos".

La necesidad de predicar el evangelio ha sido el común denominador de todos los siglos. Eso no es nada nuevo, lo novedoso es lograr que la iglesia lo asuma como un compromiso ineludible.

Sueño con el día cuando he de ver a la iglesia de Jesucristo, en ésta y en las próximas generaciones, yendo por todas partes, llevando el mensaje del glorioso evangelio de Jesucristo. La veo como un instrumento en las manos de Dios, bendiciendo a todas las familias de la tierra, arrebatándole al diablo a quienes ha mantenido cautivos por mucho tiempo, haciendo nuevamente una realidad lo que dice en Hechos 2:47 donde leemos: "...Y el Señor añadía   cada día a la iglesia los que habían de ser salvos".(RV 1960)

Sueño con una iglesia que despierta y asume con responsabilidad su compromiso de ser sal y luz del mundo y como consecuencia, con el auxilio del Espíritu Santo, veo vidas siendo transformadas por el poder de Dios, endemoniados siendo liberados del poder del diablo, personas desahuciadas o no por la ciencia médica siendo sanadas, matrimonios y familias restauradas y sementadas en la Palabra de Dios.

Sueño que el evangelio de Jesucristo, será predicado a todos en esta generación, para abrir la puerta por donde saldrá nuestro Señor Jesucristo para venir por su iglesia Gloriosa. Amén

CAPÍTULO 1

imperio

JESUCRISTO ES DIOS Y NADA NI NADIE PODRÁ DETENERNOS

TODOS DEBEN SABER QUE JESÚS ES DIOS

J esucristo, después de su resurrección se presenta ante sus discípulos y les dice: "Toda potestad me es dada en el cielo y en la tierra". (Mateo 28:18) (RV 1995).

Después de resucitado y vestido de gloria, el Señor Jesucristo busca a sus discípulos y hace esta tremenda afirmación. "Toda potestad me es dada en el cielo y en la tierra". Por algún tiempo me pregunté, ¿Por qué el Señor hace esta declaración antes de enviarlos a predicar el evangelio a todas las naciones de la tierra? ¿Qué sentido tendría para ellos saber que su Señor tiene poder en el cielo y la tierra? Y creo que no hay otra respuesta que se ajuste más a la verdad que interpretar que Jesucristo quería que ellos supieran, sin que quedara algún rastro de incredulidad, que él es Dios, y nada es imposible para Él. Tal afirmación, no solo era necesaria para aquel pequeño grupo de hombres que la escucharon directamente de los labios de Jesús, sino que adquiere el mismo valor para todas aquellas personas que creerían en el evangelio por la predicación en labios de sus primeros discípulos y las siguientes generaciones. Es importantísimo entender y aceptar esa gloriosa verdad acerca de la autoridad de Jesucristo. Esas palabras revelaban el fundamento en el cual debería reposar su confianza absoluta a la hora de obedecer la orden que recibirían inmediatamente después de esta afirmación.

La palabra "potestad" puede ser sustituida por Poder, Dominio, Autoridad, Imperio o Reino. Cualquiera de estas expresiones se refiere al dominio o importancia que una persona tiene en el conjunto de estados o territorios sometidos a su voluntad soberana. Cuando Jesucristo hace esta declaración quiso señalarles a sus discípulos hasta dónde llega el poder, la autoridad, el dominio o imperio que Él tiene, el cual, definitivamente, incluye toda la tierra y también todo el cielo.

Esta confesión era extremadamente oportuna, y fue sumamente significativa. Quien la expresó se otorgó un dominio universal, un poder ilimitado. Entender que Jesús tiene el poder y la autoridad en el cielo y en la tierra, era y es de suma importancia para sus seguidores. Todo discípulo debe confiar absolutamente en su Señor, debe estar seguro de quién lo envía a las Naciones a predicar el evangelio, y éste tiene la autoridad para moverse libremente en cualquier lugar donde un seguidor suyo esté.

¿Por qué Jesucristo se confiere ese poder? Porque lo tiene. Durante toda su vida terrenal, mostró que nada le podía, ni le puede hacer frente, y hay mucha evidencia para confiar en que su declaración era la verdad absoluta. A pesar de los diferentes criterios que existen en relación con esta declaración, los que creemos fielmente en su Palabra, sabemos que dijo la verdad.

No todos lo que le oyeron, creyeron que decía la verdad. Algunos le llamaron "engañador" (Juan 7:12). Otros lo acusaron de tener demonios, "…Demonio tienes; ¿quién quiere matarte? (Juan 7:20). Pero sus discípulos sabían que decía la verdad, y que no era un engañador, ni tenía demonios. Sino que estaba declarando exactamente quién era. Es muy cierto que algunas de sus aseveraciones eran increíbles, y eso no se debe negar, así como tampoco se puede negar que en la Biblia hay algunas cosas que son difíciles de aceptar.

Por ejemplo, la primera vez que leí en la Biblia que Jesucristo nació por obra del Espíritu Santo, no lo había recibido como mi salvador personal, no me había convertido, había escuchado que Jesucristo nació milagrosamente, pero no lo había leído, pero ahora lo estaba leyendo directamente de la Biblia, e inmediatamente, y sin poder evitarlo, me reí incontenIblemente; para mí, aquello no tenía sentido, ni siquiera podía creer que alguien pretendiera que le creyeran semejante afirmación.

Recuerdo que junto con mi risa burlona, esta pregunta vino a mi mente. ¿El que escribió esto, esperaba realmente que alguien le creyera? Y como venida del cielo, tuve esta reflexión: Siendo algo tan difícil de creer o aceptar, ¿Por qué lo escribió? La respuesta, en mi mente, no se hizo esperar; esa era y es la verdad. Jesús fue concebido por el Espíritu Santo, lo creamos o no.

De igual modo, Jesús hizo afirmaciones sobre su propia persona, que dieron pie a sus opositores judíos para considerarlo como engañador o endemoniado. Razón por la cual le hacían preguntas ocasionales, en un intento de ponerle una trampa, buscando que se contradijera en su respuesta y hacerlo quedar públicamente como mentiroso; pero siempre quedaron avergonzados, porque Jesús respondía con notable sabiduría. Si Jesús no es realmente Dios, ¿Por qué se presenta como tal? ¿Por qué viviría una mentira? ¿Por qué sus seguidores arriesgarían la vida por sostener una mentira?

Jesús no sólo dijo la verdad o enseñó la verdad, al afirmar que era Dios, sino que Él es la verdad. Juan 14:6 dice: "Yo soy…la verdad…"

Las aseveraciones de Jesucristo sobre su deidad, podían ser interpretadas de dos maneras: Venían de una persona con delirio de grandeza, usurpando el lugar de Dios o quien lo afirmaba era verdaderamente Dios.

Sin duda alguna, JESÚS ES DIOS. Era importante que sus discípulos entendieran esto, porque era la única manera de lograr que se dedicaran a predicar el evangelio con denuedo, con ánimo, con entusiasmo, expectantes a lo que Dios pudiera hacer por medio de ellos.

Para muchos, Jesucristo es la persona más importante en la historia de la humanidad, alguien frente al cual no se puede permanecer indiferente. Veintiún siglos han pasado, y ese carpintero de Galilea sigue afectando positivamente la vida de millones de personas en el mundo. La mía es una ellas. Antes de conocer personalmente a Jesucristo, estaba sumergido en el consumo de drogas, y como consecuencia, al borde de la locura; el futuro que tenía por delante no era nada alentador, pero Jesucristo; cambio el presente y el futuro de mi vida. Estableció un "antes de Jesucristo" y un "después de Jesucristo". Él es el límite de la historia; es por eso que todos los acontecimientos de la humanidad se refieren a antes y después de Jesucristo; ha sido el foco de multitudes, de tal manera que, tanto su humanidad como su divinidad han sido temas de debates.

Algunos lo han considerado sólo como un gran maestro de moral. Es innegable que las enseñanzas de Jesucristo estaban saturadas de principios morales que orientaban la vida moral de los hombres; enseñó muchas cosas sobre la ética personal. El Sermón del Monte es un buen ejemplo. Pero ¿fue Jesús un simple hombre con un sentido muy elevado de los principios morales, con los cuales se deben guiar los seres humanos, o esto es sólo parte de su propia naturaleza?

Jesús también fue considerado como un lunático.

Muchos creyeron que las afirmaciones de Jesús al decir que era Dios, constituían una evidencia de locura. Según algunos, Jesús vivió engañado, creyendo que era el Mesías.

Él afirmó ser el Creador, sus afirmaciones fueron radicales y muchas de ellas apuntaban a su deidad. Algunas de sus aseveraciones fueron:

"…Yo soy la resurrección y la vida…" (Juan 11:25) (RV 1960)
"…Yo soy la luz del mundo;…" (Juan 8:12) (RV 1960)

"Yo y el Padre uno somos" (Juan 10:30) (RV 1960)
"...Yo soy el camino, y la verdad, y la vida..." (Juan 14:6) (RV 1960)
"Yo soy la puerta;..." (Juan 10:9) (RV 1960)
"Yo soy el buen pastor;..." (Juan 10:11) (RV 1960)

Ese "Yo soy" fue el Nombre con el cual Dios se hizo conocer por medio de Moisés, en la zarza ardiendo (Éxodo 3:14)(Rev. 1960). Por eso los judíos, enfurecidos, querían matarlo, porque siendo hombre, se hacía Dios (Juan 10:33).

Al igual que los primeros discípulos necesitaban entender que Jesucristo, quien los enviaba a predicar, les ofrecía su presencia permanente y su poder sobrenatural, todos los cristianos de cualquier época y de cualquier lugar del mundo necesitan entender las implicaciones de esta declaración.

Es importante que estemos convencidos, de que Jesucristo es: Omnisciente, Omnipresente y Omnipotente. Que lo sabe todo, que nada lo toma por sorpresa, que está en todas partes con sus discípulos y todo el tiempo, como lo prometió. Y lo que de alguna manera no debemos perder de vista a la hora de predicar el evangelio, en cualquier lugar y bajo cualquier condición, según el mandato de predicarlo, es que Jesucristo tiene poder sobre cualquier persona, sobre cualquier ser espiritual y sobre cualquier circunstancia de la vida. Que no hay nada, absolutamente nada, que necesitemos que haga a favor nuestro, que no pueda hacer. ÉL ES EL TODO PODEROSO.

Su poder está sobre todas las cosas, en el cielo y en la tierra. Se puede y se debe creer que:

JESÚS TIENE PODER SOBRE LA NATURALEZA
¿Quién hizo que los vientos y las olas le obedecieran? (Marcos 4:35-41). ¿Quién multiplicó los panes y los peces? (Juan 6:1-15).

¿Quién transformó el agua en vino? (Juan 2:1-11).

¿Quién caminó sobre las aguas? (Marcos 6:45-52).

Es evidente que Jesucristo mostró su poder sobre la naturaleza, no debemos dudar de que pueda cambiar las tinieblas en luz. Que todo en relación a las cosas naturales está bajo su completo dominio. La convicción de esta realidad fue lo que llevó a Pablo a estar tranquilo en medio de una fuerte tempestad, seguro de que su Señor tenía el control (Hechos 27:22-25); o permanecer sereno después de haber sido mordido por una víbora en la isla de Malta, cuando los naturales del lugar esperaban que cayera muerto, y Dios hizo que sobreviviera. Entonces lo creyeron un dios. (Hechos 28:1-6)

Cuando asumimos el compromiso de obedecer al mandato de la Gran Comisión, como discípulos de Jesucristo, debemos actuar en fe en cualquier circunstancia que nos rodee, por muy adversa que sea, debemos movernos con la firme convicción de que el señor Jesucristo tiene control de todo lo que tiene que ver con la naturaleza. Recuerdo que en cierta ocasión, mientras se celebraba un esfuerzo evangelizador, me pidieron que compartiera una reflexión en la apertura de ese evento. Cuando llegó el momento, les hable, entre otras cosas, sobre esta gran verdad, Jesús tiene el control absoluto sobre la naturaleza.

Durante esa semana, en el marco de un esfuerzo, se planificó una actividad al aire libre, para niños, y cuando llegó el día señalado, un tiempo de lluvia hizo dudar a los responsables del evento, mientras se decidía si se seguía o no con los planes. Un miembro del equipo recordó lo que escuchó acerca del poder de Jesucristo sobre la naturaleza y llamó a los demás a reprender el mal tiempo en el nombre de Jesús, lo cual hicieron en el acto, y el mal tiempo desapareció. Se pudo así celebrar la actividad, según el plan preestablecido. Que Jesús puede cambiar el curso de lo que es natural no me queda la más mínima duda. Cuando mi esposa salió embarazada de nuestro primer hijo, Dios me mostró que ella daría a luz el 7 de Agosto de 1977, cuando la llevé al medico la primera vez, nos dijo que el niño nacería la primera quincena de septiembre; con mucho respeto le dije al doctor: el nacerá el 7 de agosto, me miró y sonrió. La segunda vez visitamos a otro doctor, la examinó y nos dijo exactamente lo mismo que el doctor anterior: nacerá en la primera quincena de septiembre; a ese doctor no le dije nada, por temor a contradecirlo, pero cuando salimos del consultorio le dije a mi esposa una vez más: según los médicos, debes dar a luz en la primera quincena de septiembre, pero por alguna razón que desconozco, ese niño nacerá el 7 de agosto. Y el 7 de agosto a las 6 y 15 a.m. nació nuestro primer hijo.

Cualquiera pudiera pensar; que lo acontecido fue pura coincidencia, sin embargo, con el paso del tiempo descubrí la razón por la cual Dios hizo eso. Ese niño fue llamado al ministerio pastoral y desde hace algo más de 10 años ha estado al frente de varias iglesias, incluyendo una de las iglesias bautistas más fuerte de Venezuela, y también se ha desempeñado como Presidente de la Convención Nacional Bautista de Venezuela. Cada vez que he tenido que apoyarlo en su ministerio, por alguna situación difícil, le recuerdo que Dios marcó su vida desde antes de nacer y eso le ha servido de inspiración una y otra vez.

Otra experiencia, que no puedo pasar por alto, por muy difícil que sea de creer, en relación al poder de Jesucristo sobre la naturaleza, es lo ocurrido en cierta ocasión, mientras nos encontrábamos en un esfuerzo evangelizador; un equipo de hermanos de EEUU, compuesto por un pastor y cuatro damas de su congregación, se nos unieron en ese esfuerzo. Cada mañana usamos nuestra casa como centro de reunión, antes de salir a compartir el evangelio en algún sector de la ciudad. Una mañana, antes de salir, mi esposa me pidió que comprara algo antes de irnos, me dirigí al dormitorio en busca del dinero para hacer esa compra, y me encontré con la triste realidad de que alguien había entrado antes de mí y había tomado ese dinero. Tuve que guardar silencio, era algo demasiado vergonzoso para que saliera a la luz. Así que me dirigí a mi esposa y le comenté lo sucedido. Salimos según lo que estaba planeado, como que si nada hubiera ocurrido. Guarde muy bien el secreto, entre mi esposa y yo. El viernes de esa semana, por la noche, algunos jóvenes de los que salieron cada mañana junto a los hermanos de EEUU, nos dirigimos al hotel para despedirlos, ya que el sábado por la mañana, muy temprano, las damas regresarían a su País. Fue una reunión muy amena, aunque con muy poca conversación, porque ninguno de nosotros hablaba inglés y ninguna de ellas hablaba español.

De repente una de las hermanas de EEUU se dirigió a las otras diciéndoles algo, y lo único que pudimos observar los presentes fue que las otras, moviendo la cabeza, hicieron señal de afirmación. Inmediatamente, la que habló, me pidió, por medio de señas, que me sentara a su lado, lo cual hice de inmediato.

Abrió su cartera, introdujo su mano, evidentemente con la intención de sacar algunos billetes de moneda venezolana para entregármelos. Pero esto fue lo que ocurrió: Ella agarró todo lo que había en su cartera, sin embargo, quedó dinero en el fondo de la cartera, lo cual pude ver porque estaba a su lado. De inmediato volvió a sacar el dinero que le había quedado, y para asombro de ella y mío, cuando sacó su mano de la cartera seguía quedando dinero en la misma. Unánimemente, ella en su idioma y yo el mío, gritamos: ¡Dios está multiplicando el dinero en la cartera! Y adoramos a Dios por su poder. Al llegar a casa y contar el dinero, era exactamente lo que había desaparecido de mi dormitorio. Así que el que multiplicó panes y peces, puede también multiplicar lo que quiera.

Pero su poder no sólo se limita a la naturaleza sino que:

JESÚS TIENE PODER SOBRE LA ENFERMEDAD.
Los Evangelios están llenos de testimonios del poder sanador de nuestro Señor Jesucristo. Sanó a ciegos, mudos, sordos, cojos, paralíticos, leprosos. Como una manifestación de su poder sobre el cuerpo.

¿Quién resucitó a los muertos y resucitó de entre los muertos? El mismo Señor Jesucristo como una manifestación de su poder sobre el cuerpo humano. (Marcos 5:21-43); (Juan 11:38-44).

Su poder sobre la muerte se mostró de forma muy especial en Lázaro. Es una tremenda bendición saber que éste Señor Jesucristo, quien nos ha enviado a predicar el evangelio a toda criatura (Marcos 16:15), y nos ha dado la seguridad de su presencia (Mateo 28:20), incluyendo su poder ilimitado, sigue siendo el mismo ayer, y hoy, y por los siglos. (Hebreos 13:8). Si encontráramos a una persona con alguna enfermedad, tenemos para ella una palabra de esperanza, porque Jesús, a quién predicamos, tiene poder para sanar cualquier enfermedad. Por ejemplo, después de la conversión de Saulo de Tarso (Pablo), el resplandor del cielo que él vio camino a Damasco, lo dejó ciego. El Señor Jesús se le aparece a un discípulo llamado Ananías y le ordena imponerle las manos a Pablo, a fin de ser sanarlo. Y Ananías obedientemente buscó a Pablo y le impuso las manos, y así éste recuperó la vista (Hechos 9:1-19).

Hace algunos años, mi mamá fue diagnosticada con un cáncer terminal. Fue sometida a una operación, y poco tiempo después su situación se tornó más crítica. En la última consulta, el doctor le dijo que le quedaban como cuatro meses de vida. Una noche, mientras meditaba en las Escrituras, leí Marcos 11: 20-26, y Dios me habló de una forma muy particular. Me motivó a que le hablara directamente al cáncer, ordenándole salir del cuerpo de mi mamá y, aunque para mí era algo muy poco común, obedecí, y mi mamá fue sana en aquella hora. Unos 18 años después murió, no en cuatro meses como el médico le había dicho. Nuestro Señor tiene poder para sanar, y nos ha dado autoridad para sanar enfermos, según Mateo 10:8.

Tengo cuatro hijos, tres varones y una hembra, el segundo de mis hijos, nació con dificultades; después de nacer, lo dejaron en el hospital más o menos 8 días. Al llevarlo a casa, comenzó a presentar un problema a la hora de ingerir su alimento. Vomitaba antes de ingerir la nueva dosis de alimentación. Lo llevamos al doctor, y comenzó una larga prueba. Después de algún tiempo se descubrió que tenía el píloro tapado, lo cual impedía que eliminara los alimentos. Fue operado y después de la operación, se le presentó un estado febril que duró 4 meses. Visitamos no menos de 14 especialistas, y ninguno de ellos pudo dar con el problema. El último especialista lo visitamos un sábado por la mañana. Después de examinarlo, nos dijo que no había nada que pudiera hacerse. Salimos mudos del consultorio del doctor, el único recurso que nos quedaba era nuestra fe en Jesucristo. Al siguiente día, domingo por la mañana, nos dirigíamos al templo para nuestro culto dominical, y antes de salir de la casa mi esposa me dijo, sigue con fiebre muy alta, y le dije: llevémoslo al templo.

Mi sermón esa mañana, estaba basado en el pasaje que habla sobre la hija de Jairo, y la mujer que tocó el manto de Jesús (Marcos 5:21-43)

Mientras predicaba, afirmé que el mismo Jesús que sanó a la mujer con el flujo y a la hija de Jairo, seguía vivo entre nosotros y era capaz de hacer exactamente lo mismo, o cualquier otra cosa superior a esa. Cuando dije eso, Dios hablo a mi corazón y me preguntó si yo creía realmente lo que acababa de declarar; por un momento detuve la predicación, mientras le respondía a Dios que sí lo creía, pero si había en mí un rastro de duda, lo quitara. En ese momento me guió a orar por mi hijo desahuciado; de inmediato rompí el silencio, y dirigiéndome a mi esposa le pedí que trajera al altar a nuestro hijo, lo cual hizo de inmediato, cerré mis ojos, con lagrimas en mi rostro dije: Dios, creo que lo puedes hacer, sánalo, Señor. En ese momento la fiebre desapareció. Conservo a mi hijo todavía, y en el presente es quien dirige el ministerio de matrimonios, en la iglesia que pastoreo. JESUS SANA HOY

JESÚS TIENE PODER SOBRE LOS DEMONIOS

¿Quién sujetó a los demonios? (Marcos 5:9-13).

En las Escrituras existen muchas evidencias del poder de Jesús sobre los demonios. Una de las más relevantes es la de los endemoniados gadarenos, relato que encontramos en Mateo 8:28-34. Nos conviene saber esto porque en nuestro caminar diario, mientras predicamos el evangelio, tendremos encuentros ocasionales con gente endemoniada; y esto no debe atemorizarnos porque nuestro Señor también nos ha dado autoridad sobre los demonios (Mateo 10:8). Los discípulos saborearon el gozo de esa realidad al echar fuera demonios (Lucas 10:17-20). Durante mi ministerio pastoral también he disfrutado del mismo gozo.

Recuerdo claramente una experiencia, donde nos tocó, a un grupo de la iglesia, atender un caso de un hombre con problemas demoníacos. Ese no había sido el único caso que se nos había presentado esa semana, pero sí el más difícil; hubo más de 20 manifestaciones diferentes en esa persona, fue una lucha de tres día intensos pero, finalmente, cada uno de los demonios salió de aquel hombre, bajo el poder del nombre de Jesús. A diferencia de los demonios que tenía el endemoniado de Gadara, que salieron todos al mismo tiempo y se metieron en los cerdos, éstos salieron uno a uno.

Como discípulos de Jesucristo tenemos autoridad para someter a los demonios, pero pareciera que la iglesia no está convencida de esto. He presenciado lo que pasa en algunas reuniones de cristianos, cuando se manifiesta un demonio, son muchos los que corren atemorizados por temor al endemoniado, literalmente pareciera que el demonio los echa fuera sin pronunciar palabra, así que, lamentablemente ocurre lo contrario, los demonios sacan a los creyentes, y no los creyentes a los demonios.

La promesa de Lucas 10: 17-20 no solo fue para los setenta, es para todo aquel que ha creído en Jesucristo como su salvador personal, es para ti y para mí. El diablo se enfurece cuando un discípulo de Jesucristo, por muy poca preparación que tenga, puede expulsar a uno o varios demonios de cualquier persona endemoniada. JESUS TIENE PODER SOBRE LOS DEMONIOS Y SOBRE EL MISMÍSIMO DIABLO.

Y lo importante de entender, como mencionado antes, es que ese poder nos ha sido delegado a todos aquellos que realmente hemos nacido de nuevo en Jesucristo.

A continuación, veamos la manifestación más gloriosa del poder de Jesucristo.

JESÚS TIENE PODER PARA PERDONAR PECADOS

¿Quién puede perdonar pecados sino sólo Dios? (Marcos 2:1-12)."Pues para que sepáis que el Hijo del Hombre tiene potestad en la tierra para perdonar pecados (dijo al paralitico):" (Marcos 2:10)

Una de las bendiciones que tenemos al predicar el evangelio es que el mensaje en sí contiene las noticias más extraordinarias que mortal alguno haya podido escuchar. En Cristo, el hombre puede reconciliarse con Dios. Toda persona puede encontrar en Él perdón de sus pecados, y eso es más importante que ser sanado o liberado de un demonio. La Biblia enseña que: "por cuanto todos pecaron, y están destituidos de la gloria de Dios" (Romanos 3:23) y en otra parte leemos: "Porque la paga del pecado es muerte, mas la dádiva de Dios es vida eterna en Cristo Jesús Señor nuestro" (Romanos 6:23) Como discípulos del Señor hemos sido enviados a ofrecer esperanza al pecador, diciéndole que en Jesucristo puede encontrar el perdón de sus pecados y la vida eterna. De alguna manera, el Señor nos hace ver si la persona hizo decisión para experimentar ese perdón, o no. En Juan 20:23 leemos: "A quienes remitiereis los pecados, les son remitidos; y a quienes se los retuviereis, les son retenidos".

Sabemos que sólo Dios puede perdonar pecados, pero nosotros sabemos por su Palabra "que todos los que en él creyeren, recibirán perdón de pecados por su nombre" (Hechos 10:43).

La experiencia más gloriosa que he tenido, es haber conocido a Jesucristo como mi salvador personal, y gozar de una vida nueva por su perdón y por su dádiva. Jesucristo pone en nuestras manos la Palabra viva que es poderosa para cambiar vidas. Tenemos la autoridad para decirle a cualquier persona, no importa cuán mal se haya comportado, o cuán mal crea que es, que en Jesucristo puede encontrar el perdón de pecados y la vida eterna, si se arrepiente de todo corazón y cree en la gracia de Dios. Sin duda alguna será objeto un glorioso combo. Perdón de pecados y vida eterna.

Por todo lo dicho anteriormente, podemos afirmar sin ninguna reserva que: El poder de Jesucristo está por encima de la naturaleza, la enfermedad, el diablo y sus demonios y como si esto fuera poco, JESUS TIENE EL PODER DE PERDONAR PECADOS. En otras palabras:

JESÚS ES EL TODOPODEROSO

Definitivamente, quién nos envía a proclamar su Nombre no es ni un loco, ni un engañador, ni un impostor, y no solamente un buen hombre, es Dios.

Es el eterno, quien todo lo sabe, quién está en todas partes, quien todo lo puede. Esto debe motivarnos a salir confiando en Él, y predicar su Nombre a toda criatura, sabiendo que nada ni nadie podrá enfrentarnos, y permanecer firmes, porque como Jesús mismo dijo: "Y yo también te digo que tú eres Pedro, y sobre esta roca edificaré mi iglesia y las puertas del Hades no prevalecerán contra ella". (Mateo. 16:18)(RV 1960).

Cuando leí este pasaje por primera vez, interpreté que nada ni nadie que me atacara me podía vencer, pero al entrar al Seminario para mis estudios teológicos, uno de mis profesores, al enseñar sobre este versículo, nos aclaró que no se trataba de nuestra capacidad de resistir el ataque del infierno, sino que al atacar el infierno, éste no tenía ninguna posibilidad de resistirnos.

Jesucristo tiene una autoridad suprema, la cual ha delegado a sus discípulos. Con su respaldo oficial podemos cumplir con su misión.

Esta autoridad superior está por encima de cualquier otra autoridad; donde quiera que vayamos, o nos encontremos contamos con el poder de quien nos envía, porque Él está con nosotros. Sin duda alguna lo que estamos necesitando, con carácter de urgencia, es creer eso con todo nuestro corazón, movernos en fe, lo cual permitirá, de alguna manera, añadir nuestros nombres en esa gran lista de Hebreos 11. Allí, entre otras cosas, leemos: "¿Y qué más digo? Porque el tiempo me faltaría contando de Gedeón, y de Barac, de Sansón, de Jefté, de David, así como de Samuel y los profetas; que por fe conquistaron reinos, hicieron justicia, alcanzaron promesas, taparon bocas de leones, apagaron fuegos impetuosos, evitaron filo de espada, sacaron fuerza de debilidad, hicieron fuerte batalla, pusieron en fuga ejércitos extranjeros".

Añadamos una página más en la historia de la iglesia, que se asemeje a lo que encontramos en Lucas 10: 17-20, y que este mismo pasaje sea nuestro fundamento al obedecer. "Volvieron los setenta con gozo, diciendo: Señor, aun los demonios se nos sujetaban en tu nombre. Y les dijo: Yo veía a Satanás caer del cielo como un rayo. He aquí os doy potestad de hollar serpientes y escorpiones, y sobre toda fuerza del enemigo, y nada os dañará. Pero no os regocijéis de que los espíritus se os sujetan, sino regocijaos de que vuestros nombres están escritos en los cielos".

La base principal de todo el movimiento evangelizador es la autoridad universal de Jesucristo, "en el cielo y en la tierra", no solamente en la tierra. Es por eso que nos envía a todas las naciones, esperando que nos atrevamos a hacerlo. Todo discípulo de Jesucristo debe salir al mundo a predicar el evangelio con la misma convicción de Josafat, quien, al verse rodeado del enemigo, dijo: Jehová Dios de nuestros padres, ¿no eres tú Dios en los cielos, y tienes dominio sobre todos los reinos de las naciones? ¿No está en tu mano tal fuerza y poder, que no hay quien te resista? Donde quiera que estemos y cualquiera sea nuestra situación, la victoria nos es segura. Por eso es necesario que tomemos la decisión de IR.

CAPÍTULO 2

TODOS TIENEN QUE MOVILIZARSE

"ES NECESARIO BUSCAR A LAS PERSONAS DONDE QUIERA QUE ESTÉN"

"POR TANTO ID"

Hoy en día contamos con medios de comunicación muy sofisticados. Tenemos la prensa escrita, la radio, la televisión y el Internet, pero no siempre fue así. En la antigüedad, los primeros pobladores de la tierra se comunicaron por medio de señas, gritos y jeroglíficos. Esto, sin dejar de mencionar las señales de humo, el uso de tambores y palomas mensajeras. En fin, todo con el propósito de comunicar un mensaje.

Dios, en su deseo de darse a conocer, no se quedó atrás. En la Sagradas Escrituras encontramos esta declaración: "Dios, habiendo hablado muchas veces y de muchas maneras en otro tiempo a los padres por los profetas, en estos postreros días nos ha hablado por el Hijo, a quien constituyó heredero de todo, y por quien asimismo hizo el universo;" (Hebreos 1:1-2) (RV 1960).
Dios nos habló por medio de Jesucristo, se hizo hombre, y vino para mostrarnos su plan para con nosotros. El Señor Jesucristo, en una obediencia sin precedentes, se sometió a la voluntad de su Padre, que incluía morir y resucitar de entre los muertos, a fin de

que el hombre pudiera ser salvo por medio de Él. Una vez logrado su objetivo, se presentó a sus discípulos en toda su gloria y majestad.

Habiéndoles declarado que su poder y autoridad eran ilimitados, instruye a sus discípulos acerca de lo que deberían hacer: Ir y dar a conocer al mundo entero que logró la salvación del hombre. ¿Cómo hacerlo? Él nos dijo cómo, ir a donde está la gente. Como el Señor Jesucristo dijera: "Paz a vosotros. Como me envió el Padre, así yo os envío" (Juan 20:21). El método sigue siendo el mismo, no tenemos por qué cambiarlo; hay que moverse, hay que desplazarse; el medio de comunicación que estableció, puede que no sea el más efectivo, quizás no el de mayor alcance, pero es, sin duda alguna, el más productivo: de persona a persona. Como bien lo señalaría el apóstol Pablo: "¿Cómo, pues, invocarán a aquel en el cual no han creído? ¿Y cómo creerán en aquel de quien no han oído? ¿Y cómo oirán sin haber quien les predique? ¿Y cómo predicarán si no fueren enviados? (Romanos 10:14-15) (RV 1960). Él los envió a predicar.

"Por tanto, id"… En otras palabras, vayan y den a conocer al mundo entero lo que he logrado por todos al morir en esa cruz. La estrategia que les dio no era nada complicada, o algo que no pudieran cumplir.

Conocer a Aquel que tiene el control del mundo entero, habiendo tenido el privilegio de oír de sus propios labios el alcance de su autoridad, entendiendo que Jesucristo es Dios y que todo lo puede, fue más que suficiente para salir a trastornar el mundo entero. Estar dispuestos a ir a cualquier lugar, a cualquier hora y bajo cualquier circunstancia, a predicar el evangelio.

ID es una palabra de acción, implica un llamado a la actividad comprometida. Como escribiera Dick Eastman: "Ir tiene tres significados básicos: Moverse, trabajar, y actuar"

En lo personal, una de las cosas que más me impresiona de Jesús, es el hecho de que Él es un modelo por excelencia. Alguien ha dicho que nunca nos pediría que hiciéramos algo que Él mismo no haya hecho. O que nos mande a hacer algo sin darnos la capacidad para hacerlo.

Había venido de parte de Dios. Jesucristo mismo fue enviado, Dios no predicó desde el cielo, ni envió señales de humo, ni nos envió palomas mensajeras. Se hizo hombre y habitó entre nosotros. Tomó realmente nuestra naturaleza. Nació en el mundo. Como dicen las Escrituras: "Y aquel verbo fue hecho carne, y habitó entre nosotros (y vimos su gloria, gloria como la del unigénito del Padre), lleno de gracia y de verdad." (Juan 1:14) (RV 1960).

Se expuso a cualquier cosa, se mezcló con los otros mortales, y muy particularmente con los que eran reconocidos por los escribas y fariseos como pecadores. "Se acercaban a Jesús todos los publicanos y pecadores para oírle, y los fariseos y los escribas murmuraban, diciendo: Éste a los pecadores recibe, y con ellos come". (Lucas 15:1-2) (RV 1960).

Lo que los escribas y fariseos no entendían es que Jesucristo vino con un propósito bien definido. "Porque el Hijo del Hombre vino a buscar y a salvar lo que se había perdido." (Lucas 19:10) (RV 1960).

Es impresionante leer que uno de los títulos que el Señor Jesucristo recibió fue: "...amigo de publicanos y de pecadores..." (Mateo 11:19) (RV 1960).

Esa misión fue la que lo llevó a recorrer ciudades y aldeas: "Recorría Jesús todas las ciudades y aldeas, enseñando en las sinagogas de ellos, y predicando el evangelio del reino, y sanando toda enfermedad y toda dolencia en el pueblo". (Mateo 9:35) (RV 1960).

Durante su crecimiento se preparó para hacer la voluntad de su Padre (Lucas 2:49). Y sus últimos tres años de vida, los consagró a esa misión. Dejó su comodidad, la gloria eterna y se sujetó a la voluntad de su Padre. Por eso podemos hablar de:

EL EJEMPLO DE JESUS

Fue a las multitudes   (Mateo 5:1; 8:1; 14:14; Lucas 8:1; 19:3; Juan 6:5; 7:31).

Fue a buscar uno a uno a quienes serían sus discípulos (Mateo 4:18-22; 9:9).

Buscó a los necesitados:

- Un leproso (Mateo 8:1-4).
- Un centurión (Mateo 8:5-13).
- La suegra de Pedro (Mateo 8:14-15).
- Un paralítico (Mateo 9:1-8).
- La hija de una mujer cananea (Mateo 15:21-28).
- Un niño endemoniado (Mateo 17:14-19).
- Un hombre endemoniado (Marcos 5:1-20).
- Un ciego (Marcos 8:22-26).
- Un hombre con la mano seca (Lucas 6:6-11).

Alcanzó a todas estas personas para cubrirles sus necesidades, y esto fue posible porque se movía a buscarlas o las encontraba mientras se movilizaba.

Para esto había venido, y eso era lo que hacía.

Lucas 4:18-19 nos habla precisamente del porqué fue enviado. Se expuso a la tentación, al sufrimiento, a la soledad, a la oposición, al escarnio público. Se mezcló libremente con los hombres, a pesar de las críticas que esto implicaba. No se mantuvo indiferente a las necesidades de los hombres, se identificó plenamente con ellos. ¿Cómo podemos alcanzar a las personas si no salimos a buscarlas? ¿Cómo podemos acercarnos a ellas si no estamos dispuestos a identificarnos con ellas, aunque sin comprometer o negar nuestra fe?

Lo que el Señor Jesucristo espera de nosotros es que, de la misma manera que el obedeció, nosotros también obedezcamos. Nos da miedo acércanos a la gente porque pensamos que nos vamos a contaminar o que podemos ser atraídos a su mundo y así perder la santidad. Cuando la realidad es otra, vamos a ellos para traerlos a Jesucristo, no podemos limitarnos a invitarlos a la iglesia, sino más bien a que reciban la salvación que se les ofrece en Jesucristo. Tenemos un ejemplo que seguir.

LOS PRIMEROS DISCÍPULOS
Desde el mismo momento cuando el Señor Jesucristo les pidió a sus oyentes que le siguieran, les dijo lo que esperaba de ellos, para qué los estaba llamando (Mateo 4:19; Marcos 3:14; Juan 15:16).

Ellos fueron preparados y enviados, "...ID antes a las ovejas perdidas de la casa de Israel" (Mateo 10:6).

Así lo vemos también en (Lucas 9:1-2; 10:1-7)

Los primeros discípulos saborearon el gozo que trae la obediencia a la Gran Comisión, ellos pudieron ver las manifestaciones del poder de Jesucristo (Lucas 10:17-20).

En Hechos 8:1 leemos que: "...todos fueron esparcidos por las tierras de Judea y de Samaria,..." La iglesia del primer siglo salía a compartir el evangelio aun en medio de la persecución, arriesgando la vida, pero su pasión era más grande que sus temores. Esto es lo que debemos entender claramente; aquella misión no fue sólo para quienes la oyeron directamente de los labios de Jesús, sino que debe ser asumida por todos los cristianos del mundo.

CADA CRISTIANO ESTA LLAMADO A OBEDECER
Este mandato no se limita a ese grupo de hombres y mujeres que lo escucharon directamente de los labios de Jesús, sino que se repite con la misma autoridad y urgencia en todo tiempo y lugar donde existen uno o más cristianos.

Cada creyente debe tener conciencia de su compromiso de IR, en obediencia al mandato. Nuestro compromiso es movernos, y mientras nos movemos tendremos miles de oportunidades de ver la gloria de Dios manifestada. Cuando nos movemos a algún lugar, vamos predicando a los que nos encontremos en el trayecto de un lugar a otro.

El éxito o fracaso de alcanzar al mundo con la predicación del evangelio, está envuelto en esta gran verdad: "cada cristiano debe asumir, en obediencia, el compromiso de ir y predicar el evangelio".

Por mucho tiempo se ha creído y compartido que el mandato de ir era y es solo para los "expertos", refiriéndose a pastores, evangelistas o misioneros de oficio. Pero eso no es verdad. El escritor Dick Eastman, comenta:

"Somos nosotros los que debemos cumplir la orden de ir… Sólo la totalidad del cuerpo podrá terminar la totalidad de la tarea… la iglesia entera irá por todas partes cuando cada creyente vaya a alguna parte".[1]

Es imposible ir a todas las naciones o alcanzar a cada criatura con las nuevas de salvación, sin que la iglesia entera asuma este compromiso como propio. No debemos seguir engañados, pensando que este mandamiento no nos alcanza a nosotros. Es para ti que conoces a Jesucristo, tanto como para otros que también le han conocido.

En Hechos 8:1, ya citado, nos dice que la iglesia fue esparcida, por las tierras de Judea y de Samaria y añade: "salvo los apóstoles". En esa ocasión, los "expertos no salieron".

Esto marca una gran diferencia entre la iglesia del primer siglo y la iglesia de este milenio. En estos tiempos se cree que son los pastores los responsables de traer a los nuevos convertidos, mientras el resto de la iglesia se queda observando el trabajo de sus líderes. ¿Qué Pasó? No es fácil responder a esta pregunta, sin embargo, considero apropiado recoger parte de una extraordinaria historia de Avery Willis, Jr. relatada en uno de sus libros.

---

[1] Dick Eastman, La Universidad de la Palabra: pág. 193.

Según él, a mitad del primer siglo la iglesia estaba creciendo tanto que el diablo muy preocupado, convocó a los potentados, principales, poderes y demonios a una cumbre, para trazar una estrategia que detuviera su avance. Lo que quiero resaltar de esta historia es que el diablo, entre otras cosas, propuso algo para hacerles creer a todos los cristianos "comunes" que ellos no estaban llamados a predicar el evangelio, sino sólo los "expertos". He aquí la referencia:

"Al comparar a las iglesias del Nuevo Testamento con las prácticas de las iglesias en la actualidad, nos preguntamos si hubiera podido ocurrir la siguiente escena:

Satanás llama a una reunión cumbre de los gobernadores de las tinieblas, las huestes de maldad, principados, poderes y demonios durante la segunda mitad del primer siglo después de Cristo".

La razón de esa convocatoria, comenta el autor, era detener a la iglesia para que dejara de predicar el evangelio.

Habían usado la intimidación, persecución, tentación y asesinato y no les había dado resultado. Satanás y sus demonios reconocían que el creyente común había sido capacitado por sus líderes para enfrentar cualquier situación, aun para hacer salir a un demonio de una persona en un segundo. En medio de tal desesperación, Satanás preguntó, ¿cómo podemos detener su avance? Y se respondió a sí mismo: "Si no lo logramos por la fuerza, tendremos que usar más astucia".

Y he aquí la nueva estrategia que usaron las fuerzas infernales: "Haremos que los cristianos piensen que sólo los líderes pueden testificar, ya que tienen la preparación, han sido ordenados para hacer sus tareas, y les diremos a los líderes que ellos tienen autoridad en la iglesia... ¡y seguro que les gustará creerlo!...Hasta podríamos decirle que los oficios de apóstol, profeta, evangelista y maestro se combinan todos en el oficio del pastor... tendrá tanto trabajo que la iglesia apenas crecerá...no tendrá tiempo para orar o para estudiar La Palabra...no tendrá tiempo para equipar a los santos…Y cuando esto suceda haremos que los cristianos comunes se quejen porque las cosas no marchan bien…podemos conseguir que digan que al pastor se le paga para hacer el trabajo espiritual…los cristianos comunes olvidarán que ellos también son sacerdotes. Les diremos que lo único que tienen que hacer es sostener al pastor…

Después, si podemos lograr que él piense (el pastor) que tiene Jerarquía especial por sus dones espirituales…nos será más fácil neutralizar el servicio del pueblo de Dios…Satanás dijo…hemos ideado una estrategia muy buena. Nos llevará tiempo llevarla a cabo, pero nos dará resultados…Haremos que (el pueblo de Dios) sean espectadores pasivos de la actividad de sus líderes. Nuestro reino no peligrará si podemos mantener a los miembros de la iglesia en pasividad mientras luchamos solamente con los pobres líderes sobrecargados de trabajo".[2]

Aunque esta historia sólo es el producto de una mente creativa, deja mucho que pensar. ¿Por qué la iglesia ha dejado de evangelizar? ¿Por qué, como nunca antes, ha surgido el deseo en algunos líderes de poseer títulos distintivos que les confieran dones especiales y los haga ver diferentes al resto de los creyentes?

No importa cuántos dones especiales puedan tener esos líderes. Lo cierto es que por muy buenas intenciones que tengan los pastores, evangelistas y misioneros de oficio, o cualquier otro, según el título que se le otorgue, jamás podrán ellos solos alcanzar a las naciones. Es la totalidad de la iglesia la que ha recibido no sólo la orden de ir, sino que ha sido capacitada para ir y anunciar el evangelio.

Al ir debemos tener muy en cuenta el porqué de esa movilización. No vamos de paseo ni por distracción, tenemos una misión que cumplir, un propósito que alcanzar, una buena noticia que dar. Al ir, debemos hacerlo para predicar el evangelio, la orden que recibimos no fue que invitáramos a la gente a que viniera a los

---

[2] Avery Willis, Jr. La Base Bíblica de las Misiones; pág. 89-90-91.

templos, o a los grupos pequeños, a las plazas para oír el evangelio, sino que fuéramos donde está la gente para predicarles el evangelio. Recuerdo que en una ocasión fui a visitar a un miembro de la iglesia que se había mudado a los EEUU para estudiar, estando allí, se presentó la oportunidad de compartir con un grupo de inmigrantes que vivían en una misma comunidad.

Llegué temprano, desconocía el plan de los que me habían invitado. Al llegar, supe que primero habían planeado una cena tipo mejicana, y después saldríamos a compartir el evangelio. Así que cenamos, y cuando nos disponíamos a salir, observé que un buen número de los habitantes de esa comunidad estaban reunidos en una cancha, jugando volibol. El responsable de nuestra actividad, salió en sentido contrario a donde se encontraba aquel hermoso grupo de personas jugando, su plan era que cantáramos para que ellos nos escucharan y dejaran lo que estaban haciendo, para venir a donde nosotros estábamos, y así aprovecháramos y les predicáramos el evangelio. Me dirigí al encargado y le pedí me siguiera, gracias a Dios lo hizo. Llegué al lugar donde se encontraba la multitud, les pedí muy amablemente que me dieran unos minutos de su tiempo, que yo era de Venezuela y había venido para decirles algo muy importante; de repente uno de ellos detuvo el juego, me miró y me dijo que podía hablar, así comencé sin titubeos y les prediqué el evangelio en no más de cinco minutos. Varios de ellos repitieron conmigo la oración de entrega a Jesucristo e inmediatamente comencé a jugar con ellos, haciendo nuevos amigos. La orden es ir, y cuando obedecemos lo hacemos para predicar el evangelio.

CAPÍTULO 3

*i*nducir

SE TIENE QUE PREDICAR EL EVANGELIO

"BUSCAMOS A LAS PERSONAS PARA EVANGELIZARLAS"

"POR TANTO ID"

"ID, y, haced discípulos a todas las naciones" (Mateo 28:19).

"ID por todo el mundo y predicad el evangelio a toda criatura" (Marcos 16:15).

"Y yendo, predicad…" (Mateo 10:7).

Cuando los cristianos obedecen, se movilizan, y al hacerlo deben predicar el evangelio, teniendo la firme intención de inducir, o persuadir a los oyentes a recibir a Jesucristo como su Salvador personal. La experiencia del apóstol Pablo en Tesalónica nos muestra esta gran verdad:

"Y Pablo, como acostumbraba, fue a ellos, y por tres días de reposo discutió con ellos, declarando y exponiendo por medio de las Escrituras, que era necesario que el Cristo padeciese y resucitara de los muertos; y que Jesús, a quien yo os anuncio, decía él, es el Cristo. Y algunos de ellos creyeron, y se juntaron a Pablo y a Silas; y de los griegos piadosos gran número y mujeres nobles no pocas". (Hechos 17:2-4).

La discusión de Pablo buscaba persuadir, inducir al oyente a que tomara la decisión correcta.

Evidentemente, en Tesalónica, Pablo buscaba persuadir a sus oyentes a recibir a Jesucristo como el Mesías, el Hijo de Dios. El mensaje fue predicado a todos, pero sólo algunos creyeron. Todos, podríamos decir, oyeron, pero no todos creyeron. Aunque buscamos que las vidas de los oyentes sean transformadas, no siempre se alcanzará ese objetivo en su totalidad, ya que el resultado no depende de nuestras buenas intenciones ni de nuestra elocuencia en la predicación, sino de Dios.

En esa ocasión, el resultado fue muy satisfactorio. Como cristianos, debemos estar preparados para presentar defensa del evangelio en cualquier escenario, y hacerlo de tal manera, que se diga de nosotros lo mismo que dijeron de aquellos hermanos, en ocasión de la predicación de Pablo. "Pero no hallándolos, trajeron a Jasón y a algunos hermanos ante las autoridades de la ciudad, gritando: Estos que trastornan el mundo entero también han venido acá;"... (Hechos 17:6) (RV 1960).

En otra ocasión, el apóstol Pablo le predicaba al rey Agripa, y este le dijo: "Por poco me persuades a ser cristiano. Y Pablo dijo: ¡Quisiera Dios que por poco o por mucho, no solamente tú, sino también todos los que hoy me oyen, fueseis hecho tales cual yo soy, excepto estas cadenas!" (Hechos 26:28-29)(RV 1960). Sin duda alguna, nuestra intención debe ser la de persuadir a los oyentes a reconocer a Jesucristo como el salvador, como el prometido de Dios.

Pero a la vez debemos estar muy conscientes de que la conversión de los oyentes depende única y exclusivamente de Dios. El hacer discípulos nuevos debe ser nuestro objetivo, pero no siempre lo lograremos porque no depende de nosotros.

El hacer discípulos según Mateo 28, es el imperativo, esa es la médula espinal de la Gran Comisión. El mandato "haced discípulos" es el centro de la Gran Comisión, nos movemos para buscar hacer discípulos, y una vez logremos lo que nos proponemos, los bautizamos y les enseñamos que guarden todas las cosas que Jesús nos dejó como enseñanzas. ¿Qué debemos entender por "hacer discípulos"? Para estar claros en nuestro objetivo se hace necesario definir lo que en realidad es un discípulo. Si entendemos lo que significa "hacer discípulos", sabremos exactamente cuál es nuestra labor, o cuál es el blanco al que queremos darle. Algunos definen al discípulo como distinto a un convertido.

Keith Phillips escribió un libro que lleva por título: "Hacer discípulos, no convertidos".

Este autor cree firmemente que recibió una revelación especial en relación con lo que significa "hacer discípulos". Él dice: "Al leer Mateo 28:19-20, recibí una revelación alarmante. La comisión de Cristo a su iglesia, no era "hacer convertidos", sino "hacer discípulos.[3]"

Con esta aseveración pretende convencer a sus lectores de que existe una gran diferencia entre un convertido y un nuevo discípulo.

Debo creer que este autor, con esta afirmación, busca animar al que evangeliza a preocuparse, no sólo por ayudar a alguién a aceptar a Jesucristo como su salvador, sino buscar que inmediatamente se le ayude a crecer en su nueva vida.

Nadie puede negar razonablemente la importancia del discipulado, que no es lo mismo que hacer discipulos. No debe trabajarse sólo para conducir a las personas a Jesucristo, sino también en ayudarles a seguir lo que corresponde, como lo es el bautismo y su formación en la Sagradas Escrituras. Sin embargo, usar la expresión "haced discípulos" de Mateo 28, no es la referencia mas adecuada para enfatizar la importancia del discipulado; la expresión "enseñándoles que guarden todas las cosas que os he mandado", del mismo pasaje, es mucho más apropiada.

Por otra parte, pensar que Jesucristo, en la Gran Comisión, nos mandó a hacer convertidos, es un error; como también es un error creer que un discípulo es diferente a un nuevo convertido a quien

---

[3] Keith Phillips, Id y Haced Discípulos; pág. 11

hay que discipular. Jesucristo nos mandó a predicar el evangelio y eso es lo que debemos hacer el resultado no depende de nosotros.

No es el propósito hacer de esto una discusión sin sentido, sino más bien hacerle fente a una teoría que, sin duda alguna, a simple vista parece verdad, pero no es del todo cierta, y puede ser muy confusa y peligrosa.

Pensar en un discípulo como una persona que ha completado el programa de discipulado de una iglesia local no se ajusta a la realidad. Discipulo no es un título que se le otorga a los cristianos que han pasado por un programa de enseñanza. Ni se alcanza por recibir un diploma que diga "discípulo".

Michael Wilkins   afirma que: "En el libro de los Hechos encontramos que, trátese de un hombre o una mujer, un judío, un samaritano, o incluso un extranjero, sea líder o miembro laico en la iglesia, todo el que confiesa que Jesús es su Señor y Salvador, recibe el nombre de discípulo. Esto está en linea con la gran comisión a hacer discípulos en todas las naciones. Por tanto, la senda del discipulado ha de ser transitada por todos los que cree, en Jasús… no es algo que depende de programas, del grado de devoción o de la madurez".[4]

Lo mejor que debemos hacer con un discípulo es discipularlo, equiparlo, enseñarle. Pero si ser discípulo implica todo esto, entonces los discípulos del Señor recibieron una formación de tres años que no tenía sentido ya que por el sólo hecho de ser sus discípulos, ha de suponerse que ya estaban capacitados.

 Los que confiesan a Jesús como Señor no reciben preparación para ser discípulos, sino que reciben preparación porque son discípulos.

Un discípulo, en primer lugar, es un convertido. También se les llama discípulo a los doce apóstoles (Lucas 6:13), y se espera que un discípulo se entregue incondicionalmente, dándole a

---

[4] John H. Dak, Discipulado y Crecimiento Integral de la Iglesia; pág. 133.

Jesucristo el primer lugar en su vida (Lucas 14:25-27). Pero es imposible encontrar a un discípulo de Jesucristo que no se haya convertido antes. El discípulo es un convertido, sin importar el grado de preparación que haya recibido.

Ciertamente, en la Gran Comision no encontramos la orden de hacer convertidos, sino de compartir las buenas noticias del evangelio, esperando que quienes las oigan, las reciban y se conviertan en "discípulos" de Jesucristo. El propósito fundamental de la Gran Comisión es ayudar a las personas a llegar a un punto en su vida donde puedan encontrar la reconciliación con Dios, cumpliendo así su más elevado privilegio humano, como es conocer y experimentar personalmente a Dios.

Cuando se usa el termino inducir, nos referimos a la intención que debemos tener al salir y predicar el evangelio. La responsabilidad de todo creyente es presentar el mensaje de salvación, de la mejor manera posible. Es imposible ir más allá que esto. Estaremos enfatizando que la salvación es un acto sobrenatural que escapa de la voluntad del que predica, que no depende de su elocuencia ni de sus buenas intenciones, como ya hemos afirmado. Nuestro compromiso es dar a conocer las buenas nuevas, lo que conocemos comúnmente como la acción de evangelizar.

En la evangelización se busca inducir a una persona a la salvación. Evangelizar no consiste realmente en convertir gente, ni necesariamente ganarlas para Cristo, aunque ese sea el objetivo de la evangelización. Cuando el señor Jesucristo dijo "Id, y haced discípulos", lo que realmente estaba mandando no era otra cosa, por muy sencilla que parezca, que se predicara el evangelio a toda criatura.

El pasaje paralelo, de Mateo 28:19, lo encontramos en Marcos 16:15, donde leemos: "Y les dijo: Id por todo el mundo y predicad el evangelio a toda criatura". Esto es todo lo que nos manda a hacer, predicar. Sin duda alguna el objetivo principal de la evangelización es buscar o asegurar la lealtad de todos aquellos hombres y mujeres, adultos y niños, no a una iglesia particular o a un sistema de pensamiento, sino a la persona de Jesucristo. Ser discípulo de Cristo viene en primer lugar; la membresía en la iglesia local, la teología, la ética y cualquier sistema de capacitación vienen después.

Si hay algo que debemos tener claro es no confundir un deseo con un resultado. Hay quienes definen la evangelización en relación directa con los resultados, y esto es un gravísimo error. La evangelización del mundo no significa su conversión; es lo que muchos erróneamente han enseñado.

¿QUÉ ES EVANGELIZAR?

Un estudio sencillo de la palabra "evangelio", en su idioma original, nos muestra que evangelizar es la actividad de anunciar buenas Nuevas, y que normalmente se traduce por "predicar o anunciar las Buenas Nuevas de salvación en Cristo, o sencillamente anunciarlas.

Las palabras subrayadas en los siguientes ejemplos indican la traducción de la palabra "Evangelizo" (del griego) que significa: anunciar las buenas nuevas, predicar el evangelio, evangelizar; predicar; proclamar.

Lucas 1:19, del Ángel Gabriel a Zacarías: "Yo soy Gabriel, que estoy delante de Dios, y he sido enviado para hablarte y anunciarte estas buenas nuevas". (RV Actualizada 2003)

Lucas 4:43, el Señor Jesucristo explicando su Misión: "Me es necesario anunciar el evangelio…" (RV Actualizada 2003)

Lucas 8:1, "Aconteció después, que Él andaba de ciudad en ciudad y de aldea en aldea predicando y anunciando el evangelio del Reino de Dios". (RV Actualizada 2003)

Hechos 16:17, por boca de la mujer que tenía un demonio: "Estos hombres son siervos del Dios Altísimo quienes os anuncian el camino de salvación". (RV Actualizada 2003)

Hecho 8:35, Felipe evangelizando el etíope: "Entonces Felipe abrió su boca, y comenzando desde las Escritura le anunció el evangelio de Jesús". (RV Actualizada 2003)

Es posible que para algunos la definición de este término carezca de importancia, pero la experiencia nos dice que cuando se concibe una enseñanza de forma equivocada, los resultados no son los mas deseados. Es sumamente importante entender con claridad lo que significa evangelizar, a fin de ser fieles al mandato de "Id... y predicad el evangelio" o "Id, y haced discípulos".

Al tratar de definir evangelización, las opiniones han ido de un extremo a otro. ¿Cuáles son estos extremos?

IDEAS LIMITADAS SOBRE LA EVANGELIZACION
Hay quienes están convencidos de que evangelizar es distribuir literatura con contenido biblico, bien sea de persona a persona o en forma masiva. Se sabe de personas que, mientras viajan en sus autos, lanzan por la ventana un puñado de tratados y luego reportan que evangelizaron a un número x de personas.

Otros conciben la evangelización como el deber de invitar a los parientes y amigos a las actividades de la iglesia. Con frecuencia, uno puede oir expresiones como éstas: "He invitado muchas veces a mis familiares y amigos a que me acompañen al templo, y nunca han querido. Algún día, ellos tendrán que dar cuenta a Dios, ya yo cumplí con mi compromiso".

De igual manera, son muchos los que piensan que evangelizar es hablar a otras personas de cualquier tema de la biblia, no importa que éste sea sobre el milenio, Armagedón, bautismo de infantes o idolatría. Y una vez hacen esto, salen convencidos de que sus oyentes ya son responsables ante Dios de sus almas, porque oyeron el "evangelio" de Jesucristo.

Quizás el lector haya oído o leído de alguna otra idea semejante a ésta; sin embargo, la intención no es desanimar a quienes hacen esto; se puede repartir tratados, o hablar de lo que la Biblia dice en relación a cualquier tema, pero a esto se le debe añadir una presentación del evangelio que ayude a las personas a entender cuál es su situación delante de Dios y qué espera Dios que la gente haga, una presentación del evangelio que incluya la realidad del pecado, el plan de Dios por medio de la muerte de Jesucristo, como una expresión de su amor, y la necesidad de tomar la decisión de aceptar o rechazar ese plan.

Por otra parte, tenemos también lo que podemos llamar una:

IDEA EXAGERADA SOBRE LA EVANGELIZACIÓN

Desde que comencé a estudiar lo relacionado a la evangelización, noté que muchos autores relacionaban la evangelización con los resultados, en otras palabras, si los oyentes recibían favorablemente el evangelio, era una evidencia de que habían sido evangelizados, si no lo aceptaban, entonces no habían sido evangelizados. Veamos algunos ejemplos:

Kagawa dijo que "la evangelización significa la conversión de la gente, de la mundanalidad a una santidad semejante a la de Cristo".

William Temple dijo que "la evangelización consiste en ganar hombres que acepten a Cristo como su Salvador y Rey, a fin de que se entreguen a su servicio en comunión de su iglesia".

La asamblea de Evanston en 1954 se refirió a la evangelización como "el acto de llevar personas a Cristo como Salvador y Señor para que compartan su vida eterna".

La definición más famosa quizás es la expresada por la comisión del Arzobispado en 1918, en informe sobre la obra evangelizadora de la iglesia: "Evangelizar es presentar a Cristo Jesús en el Poder del Espíritu Santo, de una manera tal que el hombre venga a depositar su confianza en Dios a través de Él, como su salvador, y le sirva como su rey en la comunión en su iglesia".

Richard Sissón señala: "Evangelización: buscar a los perdidos. Darles el evangelio donde se encuentren, atraerlos hacia la comunión del pueblo de Dios".[5]

---
[5] Richard Sisson, Prepárese para Evangelizar; pág. 17.

En 1966, el Congreso Mundial de Evangelización celebrado en Berlín, definió así la tarea evangelizadora: "Evangelizar es presentar a Jesucristo por el poder del Espíritu Santo, para que los hombres puedan poner su confianza en Dios por Jesucristo, aceptándolo como su salvador y teniéndolo como rey, en la comunión de su iglesia".

Finalmente citamos la definición del Congreso Internacional de Evangelización Mundial de, realizado en Lausana, Suiza, en 1974, (Conocido como el Pacto de Lausana), la cual dice de la siguiente manera:

"Evangelizar es extender las buenas nuevas de que Jesucristo murió por nuestros pecados y se levantó de entre los muertos de acuerdo con las Escrituras, y que como Señor reinante ofrece ahora el perdón de los pecados y la dádiva liberadora del Espíritu a todo aquel que se arrepiente y cree. Nuestra presencia cristiana en el mundo es indispensable para la evangelización, y de la misma manera lo es toda clase de diálogo cuyo propósito sea escuchar, poniendo todo sentido para poder entender. Pero la evangelización en si misma es la proclamación del Cristo histórico y bíblico como Salvador y Señor, con la mira de persuadir a las personas a venir a él personalmente y de esa manera reconciliarse con Dios. Al publicar la invitación del Evangelio no estamos Libertad alguna para esconder el costo del discipulado. Jesús llama a todo aquel que le quiera seguir a negarse a sí mismo, tomar su cruz e identifique con su nueva comunidad. Los resultados de la evangelización incluyen obediencia a Cristo, la incorporación a su iglesia y un servicio responsable en el mundo".[6]

El problema con esta posición es que algunos han llegado a una conclusión muy peligrosa y no solamente equivocada, hasta al punto de hacer declaraciones como ésta:

"Creo en la evangelización: Si tú no estás seguro de que la persona con quien quieres compartir el evangelio va a ser

---

[6] Ferguson, Wright, Packer, Nuevo Diccionario de Teología El Paso, Casa Bautista de Publicaciones, 1992, p. 383.

discipulada   e inmediatamente e involucrada al núcleo de la iglesia, es mejor que no le hables de Cristo, porque eso es semejante a traer un niño al mundo y abandonarlo, eventualmente morirá". David Watson.

La idea de relacionar la evangelización con el resultado no tiene fundamento en la Biblia. Como se ha dicho, la intención es que las personas respondan positivamente a la presentación del evangelio, pero eso escapa de la intención humana.

La evangelización es anunciar el evangelio, y aunque esperamos resultados, la ausencia de los mismos no niega el hecho de la evangelización. Al menos eso es lo que opinan otros autores al tratar el tema de la evangelización, como veremos a continuación.

Luisa J. de Walker, lo define así:

"La palabra evangelismo proviene de la palabra griega evangelizo, cuyo significado básico es: "Traigo Buenas Noticias", pues evangelizar es dar a la gente las buenas nuevas del evangelio… Evangelizamos cuando le llevamos a la gente las buenas noticias de que Jesucristo, el Hijo de Dios, les salvará de sus pecados y les dará vida eterna."[7]

El doctor Roy Lyon, Rector y profesor de algunas de las materias que vi en el Seminario Teológico Bautista de Venezuela, en su libro "El Evangelismo según la Gran Comisión" define evangelizar como:

"…la actividad cristiana que trata de cumplir los tres aspectos de la Gran Comisión de Cristo, y tiene como meta la conquista espiritual del mundo entero".[8]

La Cruzada Estudiantil y Profesional para Cristo sostiene que el propósito, al hablarle de Cristo a una persona, es persuadirlo a fin de que reciba a Jesucristo como su salvador y todo lo que Él le

---

[7] Luisa J. De Walker, Evangelismo Dinámico; pág. 8.
[8] Roy L. Lyon, El Evangelismo Según La Gran Comisión; pág. 10

ofrece. Si así lo hace, debe ser ayudado a su solidez en la fe y la comunión cristiana.

El Apóstol Pablo manifestó que anunciaba el evangelio, "...para ganar a mayor número..."
(1 Corintios 9:16-22) (RV 1960).

J.I. Paker señala:
"Los resultados de la predicación no dependen de los deseos y las intenciones de los hombres, sino de la voluntad de Dios todopoderoso. Nosotros hacemos lo que nos corresponde, anunciar el evangelio, el resultado con relación a la conversión escapa de nuestras capacidades. Naturalmente, nuestro objetivo es lograr que sí ocurra algo, es decir que la gente responda y crea. Por eso es que 'os rogamos en nombre de Cristo, reconciliaos con Dios' (2 Corintios 5:20). Al mismo tiempo debemos tener cuidado de no confundir un objetivo (lo que queremos que ocurra) con una consecuencia (lo que realmente ocurre). Si queremos ajustarnos a lo que establece la Biblia, debemos insistir en que la esencia de la evangelización radica en la fiel proclamación del evangelio. Indudablemente que se hace con la mira de persuadir. No somos indiferentes a los resultados. Anhelamos que la gente se convierta. Pero sigue siendo evangelización, sea que logremos persuadir a la gente que acepte el evangelio, o no".[9]

Nuestro compromiso es anunciar el evangelio, los resultados escapan de nuestras capacidades. Cuando uno anuncia el evangelio, dos cosas pueden pasar: Que el que oye el evangelio lo reciba de inmediato y encuentre la salvación en Jesucristo, y así seamos testigos oculares del milagro de la salvación. Los judíos por mucho tiempo esperaron lo que ellos denominaban la "época dorada".

Tenían la firme convicción que al sembrar la semilla, la cosecha vendría de inmediato. En el Salmo 126: 5-6 leemos: "Los que sembraron con lágrimas, con regocijo segaran. Irá andando y

---

[9] John R.W. Stott, La Misión Cristiana Hoy; pág. 51-52.

llorando el que lleva la preciosa semilla; mas volverá a venir con regocijo, trayendo sus gavillas".

Ellos no solo esperaban, sino que soñaban con una época de oro, la edad por venir, la edad de Dios, una época en que la cosecha seguiría la siembra en un abrir y cerrar de ojos.

Amos 9:13, dice: "He aquí vienen días, dice Jehová, en que el que ara alcanzará al segador y el pisador de las uvas el que lleva la simiente".
En Levítico 26:5, leemos: "Vuestra trilla alcanzará a la vendimia y la vendimia alcanzará a la cementera".

William Barclay, hablando de esa esperanza judía, señala: "Era parte del sueño de la edad dorada el que la siembra y la siega, la plantación y la recolección estarían tan próximas que se pisarían los talones. Habría tal fertilidad que los viejos largos días de espera se habrían terminado".[10]

Negar la realidad de que es posible un resultado inmediato de conversión en algunos que oyen el evangelio de Jesucristo, es negar la obra del Espíritu Santo. No todos responderán favorablemente pero debemos predicar el evangelio a toda criatura. De lo que debemos estar seguros es de que la siembra no se hará en vano, no se desperdiciará la semilla. Según la Parábola del Sembrador (Mateo 13:1-9), nuestra tarea es esparcir el evangelio, y a Dios le corresponde lo que Él sólo puede hacer, la conversión. Nosotros tenemos la responsabilidad de anunciar el evangelio, si las personas no reciben el evangelio, eso nunca podrá descalificar mi obediencia a Dios.

Ezequiel 3:16-19 nos aclara esta gran verdad. "Y aconteció que al cabo de los siete días vino a mí palabra de Jehová, diciendo: Hijo de hombre, yo te he puesto por atalaya a la casa de Israel; oirás, pues, tú la palabra de mi boca, y los amonestaras de mi parte. Cuando yo dijere al impío: De cierto morirás; y tú no le amonestares ni le hablares, para que el impío sea apercibido de su mal camino a fin de que viva, el impío morirá por su maldad, pero

---

[10] William Barclay, Comentario al Nuevo Testamento (volumen 5); pág. 197.

su sangre demandaré de tu mano. Pero si tú amonestares al impío, y él no se convierte de su impiedad y su mal camino, él morirá por su maldad, pero tú habrás librado tu alma".

Creo que esto era lo que el apóstol Pablo tenía en mente cuando dijo: "Por tanto, yo os protesto en el día hoy, que estoy limpio de la sangre de todos; porque no he rehuido anunciaros todo el consejo de Dios". (Hechos 20:26-27) (RV 1960)

Nuestra responsabilidad es anunciar el evangelio, esa fue la orden que recibimos, la responsabilidad del que escucha es obedecer o desobedecer, y eso escapa de nuestra capacidad.
La segunda cosa que puede pasar: Es que la persona no atienda al mensaje del Evangelio, pero eso también escapa de nuestra capacidad. Lo importante es que el Evangelio sea predicado.

Por otra parte, es importante considerar:

LA MOTIVACIÓN EN LA EVANGELIZACIÓN
No es un secreto que el evangelio se predica por diversas motivaciones. El apóstol Pablo tenía esta verdad bien clara, en la carta que les envió a los filipenses dice: "Algunos, a la verdad, predican a Cristo por envidia y contienda; pero otros de buena voluntad. Los unos anuncian a Cristo por contención, no sinceramente, pensando añadir aflicción a mis prisiones; pero los otros por amor, sabiendo que estoy puesto para la defensa del evangelio. ¿Qué, pues? Que no obstante, de todas maneras, o por pretexto o por verdad, Cristo es anunciado; y en esto me gozo, y me gozaré aún". (Filipenses 1:15-18) (RV 1960).

Las afirmaciones de Pablo dejan claro que hay motivaciones impropias o incorrectas y motivaciones propias o correctas.

Las motivaciones impropias son todas aquellas que buscan provecho, ganancias personales o cierto prestigio. Hay quienes hacen lo que sea para ser reconocidos. Cuando las cosas no funcionan como esperaban, se desalientan y se estancan.

Pero una motivación correcta llevará a la persona siempre adelante a pesar de las dificultades, aun cuando exista peligro de muerte. ¿Qué experimentó el Señor Jesucristo al ver las multitudes? Una profunda compasión. "Y al ver las multitudes, tuvo compasión de ellas; porque estaban desamparadas y dispersas como ovejas que no tienen pastor". (Mateo 9:36) (RV 1960).

¿Qué vio Jesús en la gente?

Su condición moral, vidas extremadamente depravadas, cosas que la Biblia dice que ni aún se nombre entre creyentes. Tenemos una descripción muy clara sobre la condición del hombre sin Jesucristo en: (Romanos 1:18-32)
La condición espiritual de hombre, "Enemigos de Dios, en malas obras", "hijos de desobediencia" "hijos de ira" Gente "sin Cristo…sin esperanza y sin Dios en el mundo." (Efesios 2:2-3,12; Colosenses 1:21).

Jesús, al ver esto, tuvo una pasión digna de imitar. Él había venido a buscar a los perdidos. La pasión de nuestro señor Jesucristo fue claramente expresada en sus propias palabras, las cuales el evangelista Lucas registra: "Porque el Hijo del Hombre vino a buscar y a salvar lo que se había perdido. (Lucas 19:10).

La Biblia dice que Jesús tenía compasión al ver a las personas sufriendo por diversas enfermedades (Mateo 14:14; 20:34).

Por ser víctimas del demonio (Marcos 9:22).

Cuando sufrían por la pérdida de un familiar (Lucas 7:13).

Cuando la multitud no tenía qué comer (Mateo 15:32).

Jesús vivió y murió con una pasión por una misión. Hacer la voluntad de su Padre era la prioridad de su vida. Como se lo diría a sus discípulos en cierta ocasión: "…mi comida es hacer las obras del que me envió, y que acabe su obra". (Juan 4:34).

Es común encontrarnos con personas que se han entregado por alcanzar un objetivo. El del Señor Jesucristo era salvar a los perdidos.

Pero por encima de la condición del hombre, está lo que podríamos llamar el motivo mayor, el amor. Pablo dijo: "Porque el amor de Cristo nos constriñe..." (2Corintios 5:14) (RV 1960). En otra ocasión dijo: "Porque deseara yo mismo ser anatema, separado de Cristo, por amor a mis hermanos..." (Romanos 9:3). El amor debe mover a todos los creyentes a buscar a los hombres. Amor a Dios y amor al prójimo.

Cuando amamos a Dios, buscamos agradarle, y vivir sólo para él. Lo convertimos en el centro de nuestra vida; cuando hablamos de él, la gente puede percibir algo especial en lo que decimos por la forma en que lo decimos. Hablamos con entusiasmo, porque es mucho más que palabras. Es muy contradictorio hablar de alguien a quién se ama profundamente, en una forma fría y seca. Antrey señala: "Que Dios nos libre de hombres que presenten prédicas que son perfectas en estilo y sin defectos en cuanto a lenguaje, pero que son muertas y frías".

Juan Wesley dijo: "Denme a cien hombres que amen a Dios con todo su corazón, que no teman sino al pecado y cambiaré al mundo".

El amor a Dios es la motivación por excelencia para la evangelización, a esta motivación le sigue pasión por los perdidos.

¿Qué es pasión?

Deseo vehemente. Es una fuerza interna, es una llama en el corazón. Encontramos a algunas personas que se han entregado por completo al logro de un ideal deseado. Cada una de ellas con un fuego ardiendo en sus corazones; se puede decir esto de aquellas personas que han sido alcanzadas por la fiebre del oro. Su pasión por encontrar ese precioso metal, los hace dedicar todo su tiempo, capacidades, y recursos, arriesgando cualquier cosa, aun sus propias vidas, con tal de alcanzar su meta.

Conocemos a otros cuya pasión es el poder, y ningún sacrificio les parece demasiado grande con tal de tener su propio imperio para gobernar. Otros son atrapados por los tesoros de las ciencias, o por la representación de algún producto que, según ellos es lo mejor del mundo. En fin, es la pasión lo que realmente mueve a la gente.

Esa pasión por los que andan sin Jesucristo, debe ser la que nos mueva a compartir las buenas nuevas de salvación. El amor sincero vale más para la gente, que mil palabras. Alguien dijo: "El hombre motivado logra lo imposible".
En la historia de Venezuela hay un episodio que muestra la importancia de una profunda motivación.

"El 12 de Febrero de 1814, el General José Félix Ribas estaba al frente de su ejército compuesto de siete batallones que no excedían los 1.500 hombres, inexpertos en las armas, ya que la mayoría lo componían jóvenes de la universidad. Aquel prócer era preso de una fuerte convicción, la cual dejó plasmada en las siguientes palabras dichas a sus hombres, momentos antes del combate: Soldados, lo que tanto hemos deseado va a realizarse hoy; he aquí Boves, cinco veces mayor es el ejército que trae a combatirnos; pero aún me parece escaso para disputarnos la victoria, defendéis del furor de los tiranos, la vida de vuestros hijos, el honor de vuestras esposas, el suelo de la patria, mostrarle vuestra omnipotencia. En esta jornada que de ser memorable ni aun podemos optar entre vencer o morir. Necesario es vencer. ¡Viva la república!".[11]

En aquella inolvidable batalla aquel puñado de jovencitos inexpertos logró una importante victoria, la cual trasciende hasta nuestros días.

Aunque esta historia es sorprendente, más sorprendente aun es el contenido de una carta que el evangelista Billy Graham leyó en una reunión de cristianos y que fue escrita por un universitario norteamericano que se había convertido al comunismo. El propósito de la carta era explicar a su novia porqué debía romper su compromiso:

---

[11] Eduardo Blanco, Venezuela Heroica; 1982, pág. 43.

"Los comunistas tenemos un alto porcentaje de muertes violentas. Somos los que morimos pasados por las armas, ahorcados, linchados o alquitranados; somos encarcelados, calumniados, ridiculizados y despedidos de nuestros empleos y de diversos modos se procura hacernos la vida imposible. Un buen porcentaje de nosotros es muerto o tomado preso. Vivimos en una pobreza virtual. Damos al partido cada céntimo que ganamos, por sobre lo que sea absolutamente indispensable para mantenernos vivos. Los comunistas no tenemos tiempo ni dinero para cine, conciertos, asados, casas decentes o autos nuevos.

Hemos sido descritos como fanáticos. Somos fanáticos. Nuestra vida está dominada por un gran factor que eclipsa todo otro interés: LA LUCHA POR EL COMUNISMO MUNDIAL. Los comunistas tenemos una filosofía de la vida que ninguna cantidad de dinero puede comprar. Tenemos una causa por la cual pelear, un propósito definido en la vida. Subordinamos nuestros intereses mezquinos, nuestro yo a un gran movimiento de la humanidad, y, si nuestra vida personal parece dura, o si nuestro yo parece sufrir por haberse subordinado al partido, entonces cada uno se siente compensado adecuadamente por el pensamiento de que cada uno está contribuyendo con su grano de arena a algo nuevo, verdadero y mejor para la humanidad. Hay una cosa a la que me he consagrado fervorosamente y esa cosa es la causa comunista. Es mi vida, mi negocio, mi religión, mi entretenimiento, mi novia, mi esposa, mi mujer, mi pan y mi carne. Trabajo para el partido de día, y sueño con él de noche. Su influencia sobre mí crece, no disminuye con el paso del tiempo, por tanto, no puedo mantener amistad con nadie, no puedo tener asuntos amorosos, ni siquiera una conversación, sin relacionarla con esta fuerza que conduce y guía mi vida. Yo catalogo a las personas, libros, ideas y acciones de acuerdo a la forma en que afectan la causa comunista y por su actitud hacia ella. Yo ya he estado en la cárcel por mis ideas, y si fuera necesario estoy dispuesto a enfrentar el pelotón de fusilamiento".[12]

Si los comunistas pueden tener estos sentimientos ¿cuánto más los discípulos de Jesucristo?

---

[12] Guillermo MacDonald. El verdadero Discipulado, págs. 15-16

Una pasión como ésta es la que ha permitido a grandes hombres de Dios iniciar grandes movimientos.

Jorge Whiffield decía: "En tanto que los hombres vaguen como ovejas perdidas yo vagaré en pos de ellos para ganarlos".

Mathew Henry afirmó: "Para mí sería mayor felicidad ganar un alma para Cristo que granjear montañas de oro y plata para mí mismo".[13]

Dodarridge exclamó: "Anhelo más la conversión de las almas que cualquier otra cosa, creo que no solo podría trabajar, sino aun morir con gusto para lograrlo".[14]

David Brainer declaró: "No me importaba dónde y cómo vivía, o cuáles eran los sacrificios que tenía que afrontar con tal de ganar almas para Cristo. Esto era el objeto de mis sueños mientras dormía y el primero de mis pensamientos al despertar".[15]

José Smith escribió: "Tengo el corazón quebrantado, sé de veras que soy muy infeliz; no por mí mismo, sino a causa de otros. Dios me ha dado una visión tal del valor de las almas preciosas que no puedo vivir si no veo almas salvadas; ¡Oh, dame almas o muero!".[16]

Bernard Pallissy, dijo: "Sólo dadme bastante fuego y estos colores se fijaran en la loza." Sus vecinos decían: "Este hombre está loco". Pero él seguía gritando: "¡Más fuego! ¡más fuego! Se encendió el fuego; los colores se fijaron; y el nombre Pallissy ha sido a través de los tiempos un sinónimo de determinación y éxito. Esta es la súplica que hago a favor de la obra que Dios nos ha encomendado: "¡Más fuego, mas santo fuego celestial!"

---

[13] Edwin Forrest Hollenbeck. La pasión por las Almas. Pág. 13
[14] Duewel Wesley. 2012. Clamor por las personas. http://ivanetnos.blogspot.com/2012/05/clamor-por-las-personas.html.
[15] Edwin Forrest Hollenbeck. Op. Cit. Pág. 13.
[16] Duewel Wesley. Op. Cit. http://ivanetnos.blogspot.com

Entonces las iglesias inauguran una nueva era en su historia; entonces las multitudes serán ganadas para Cristo.[17]

Amar lo que Dios ama y buscar lo que Dios busca, es lo que tenemos que hacer, como su pueblo.

Finalmente, quiero que pensemos en ese día glorioso cuando lleguemos a la presencia de Dios. Pablo, el apóstol, escribe a los Tesalonicenses y les dice: "Porque ¿cuál es nuestra esperanza o gozo, o corona de que me gloríe? ¿No lo sois vosotros, delante de nuestro Señor Jesucristo, en su venida? Vosotros sois nuestra gloria y gozo". (1 Tesalonicenses 2:19-20) (RV 1960).

Conocí a Jesucristo en el año 1972, por medio de una mujer de más de ochenta años, la señora Isolina de Rodríguez; a su lado aprendí muchas cosas preciosas. En el año 1988 ella partió hacia las moradas eternas con el Señor. Yo sé que cuando Jesucristo regrese a buscar a su pueblo, la traerá con él. En la Biblia leemos: "Porque el Señor mismo con voz de mando, con voz de arcángel, y con trompeta de Dios, descenderá del cielo; y los muertos en Cristo resucitarán primero. Luego nosotros los que vivimos, los que hayamos quedado, seremos arrebatados juntamente con ellos en las nubes para recibir al Señor en el aire, y así estaremos siempre con el Señor". (1 Tesalonicenses 4:16-17) (RV 1960).

Yo espero, al igual que el apóstol Pablo en su tiempo, que estaré vivo para cuando Jesucristo regrese a esta tierra por segunda vez.

Según el pasaje anterior, los muertos en Cristo resucitarán y serán levantados, y los que estemos vivos también seremos levantados. Espero ese día con muchas expectativas; cuando llegue y sea levantado, haré dos cosas antes de subir a la presencia del Señor.

La primera será buscar en el aire a esa ancianita, la cual espero reconocer, para gritarle con todas las fuerzas de mi alma, expresándole mi gratitud por haberme hablado de Jesucristo.

---

[17] Edwin Forrest Hollenbeck. Op. Cit. Pág. 11.

La segunda cosa que haré es buscar, para ver si logro reconocer a algunos de los que, de alguna manera, ayudé a conocer al señor Jesucristo como salvador de sus vidas, porque no quiero llegar a la presencia del Señor Jesucristo con las manos vacías. "Ellos serán mi corona y gozo delante del Señor".

Marvin T. Vicent dice:

"Qué será mi gozo en la presencia de Cristo. ¡Serán mis convertidos! Qué emocionante será entrar en la presencia del Señor y decir: Señor Jesús, yo y los hijos que me has dado. ¿Lo podrás decir tú? ¿Has de ir sin ningún fruto que presentes al Señor? ¿No llevarle ni un trofeo ni servicio de valor?".

LA IMPORTANCIA DE LA EVANGELIZACION PERSONAL

Cuando uno escucha a las personas que han tenido un encuentro personal con Jesucristo, se maravilla de la diversidad de formas en que Dios obró para salvarlas. Algunos conocieron a Jesucristo como Salvador personal a través de: la radio, la televisión o por la lectura de un folleto basado en un tema de la Biblia, o por la aparición milagrosa del Señor así como aconteció con Saulo de Tarso camino a Damasco, o a través de las formas más comunes como una Campaña Masiva, o de persona a persona; en fin, Dios puede usar muchas formas de acuerdo con su sabiduría, digo esto porque en ningún modo se pretende menospreciar ningún método o forma que conduzca a una persona a conocer a Jesucristo como su Salvador.

Estoy convencido de que a Dios no se puede, ni se debe limitar con relación a alcanzar a las personas, dondequiera que se encuentren.

Hay quienes censuran algunos métodos evangelísticos, de hecho es así con relación a las Campañas Masivas; se ha afirmado que esos esfuerzos sólo son programas ineficaces, o sencillamente es una pérdida de tiempo y de dinero. Sin embargo, la historia de los grandes avivamientos nos da testimonios irrefutables de los beneficios que trajeron al mundo y especialmente a la iglesia, las Campañas Masivas de Evans Robert, que en 1904 inflamaron a toda Gales. La historia dice que se oían por todos lados, confesiones de terribles pecados, que la gente comenzó a pagar antiguas deudas. Que el teatro tuvo que cerrar por falta de clientes, y que las mulas en las minas de carbón rehusaban trabajar, al no estar acostumbradas a ser tratadas con suavidad. En cinco semanas, 20000 personas se añadieron a la Iglesia.

Algo semejante se dice de Titus Coan, quien arribó a las costas de Hawai en 1835; tenía tantos oyentes que se veía en la necesidad de predicar tres veces antes del desayuno. En un año, 5.244 se unieron a la Iglesia. Hubo 1.705 bautizados en un solo domingo. Cuando el señor Coan se fue de Hawai, había bautizado a 11.960 personas.

Y qué decir de Charles Finney, David Brainer, Juan Wesley, entre otros. Hombres que traían a las multitudes a Cristo. Lo mismo puede decirse de hombres como Billy Graham, Luis Palau, Alberto Mottessi, Carlos Anacondia, entre otros, que en pleno siglo XXl atraen las multitudes a Jesucristo.
Como si la historia extra bíblica fuera insuficiente para demostrar la eficacia de un método de evangelización que ha sido cuestionado, la Biblia misma nos habla de los grandes resultados que se produjeron por la predicación masiva del Señor Jesucristo y sus apóstoles.

Estoy seguro de que si hiciéramos una encuesta en las iglesias locales, para saber cómo se han convertido los miembros, nos daríamos cuenta de que la mayoría, se entregaron por el sermón del pastor, o algún laico, o creyeron en alguna Campaña Masiva.
Por lo tanto, no debemos desestimar algo que Dios ha usado y, que sin duda alguna puede seguir usando.

Por otra parte, esto no quita que deba revisarse el cómo lo venimos haciendo, a fin de, si es necesario, hacer los correctivos pertinentes.

Si bien es cierto, Dios puede usar cualquier método o forma para atraer los pecadores a Cristo, no deja de ser menos cierto que, aunque la predicación desde el púlpito y las campañas masivas han dado buenos resultados, difícilmente para, no decir que es imposible, alcanzaremos el mundo de esa manera. Se hace eminentemente necesaria la práctica o estrategia más efectiva que existe, la evangelización personal.

Se ha comprobado que el crecimiento fenomenal de las Iglesias del Nuevo Testamento se debió al trabajo de persona a persona. Se puede afirmar que esta estrategia es insuperable y que tiene ventajas que destacar sobre las demás.

VENTAJAS DE LA EVANGELIZACIÓN PERSONAL.

1.   La Evangelización Personal está al alcance de todos.
Cada miembro de la iglesia puede hacerlo. No todos los miembros de una Iglesia pueden ser predicadores a las masas, a las multitudes, pero todos pueden evangelizar persona a persona. Jesús nos llamó a ser pescadores de hombres (Mateo 4:19), y nos envió a buscarlos en todo el mundo.

El Señor dijo a sus discípulos que esperaran en Jerusalén la promesa del Padre. Pero una vez recibida la promesa, serían testigos en Jerusalén, en toda Judea, en Samaria y hasta lo último de la Tierra (Hechos 1:8).

Todo creyente ha recibido la promesa del Padre, al Espíritu Santo, por lo tanto, todo creyente está llamado a testificar, no hay ningún creyente, por muy humilde o sencillo que sea, que no pueda compartir a otros de Jesucristo.

2.   La Evangelización personal puede hacerse en cualquier lugar.
El trabajo personal de evangelización lo puede hacer cualquier cristiano.

En las casas o en los parques, en las calles o avenidas, en la escuela o en la empresa, en un carro o en un avión. No está limitada a un lugar específico. Ni siquiera tenemos que recorrer grandes distancias. Por ejemplo, la iglesia que pastoreo está ubicada al lado de una empresa, y un día cualquiera, alguien llamó para preguntar el precio de algo, pero la llamada cayó en mi oficina, esto ocurrió varias veces, había un problema con las líneas telefónicas. Así que me ofrecí para hacer la pregunta por esa persona; cuando llegué a la oficina de esa empresa y le compartí a la gerente lo que estaba pasando, me dijo: pastor usted vino porque realmente yo necesito hablar con usted; así que me planteó un problema muy serio, y el resultado fue que ella y su amigo más cercano recibieron al Señor como salvador de sus vidas. Sólo caminé unos 20 metros.

3.   La Evangelización personal es importante por los pocos recursos económicos que requiere.
No es necesaria una gran inversión en publicidad en radio o televisión. No tiene que gastarse nada en afiches, pancartas o volantes; tampoco hay que costear los gastos de pasajes y comida a invitados especiales. Cada uno trabaja donde puede, usando su oficio, profesión, su trabajo de todos los días, para extender el Reino de Dios.

4.   La Evangelización Personal es importante porque ayuda a mejorar las finanzas de la Iglesia.
La Evangelización personal es la más efectiva de las Campañas de Mayordomía. La misión es predicar el evangelio, pero a la medida en que nuevas personas se añaden a la iglesia local, las finanzas mejoran. Aunque cualquier otro método de evangelización podría tener el mismo resultado, la virtud del contacto personal, establece un vínculo más cercano.

Evidentemente, esa no es la razón o motivo de la evangelización, pero la incorporación de nuevas personas es indiscutible que favorecen las finanzas de la iglesia. Creo que un ejemplo de esto lo constituye un incidente en la vida ministerial de Jesucristo.

En cierta ocasión en la que el Señor tenía que pagar sus impuestos, envió a Pedro a pescar, en ese momento nadie podía entender qué relación financiera habría entre un pez y el pago de impuestos. Sorpresa, dentro de la boca del pescado habían unas monedas, suficientes para pagar lo adeudado. En nuestra pesca de hombres veremos que el dinero viene con el pescado. (Mateo 17:27)

5.   La Evangelización Personal es importante porque crea un ambiente de mayor significado en los cultos.
Pensemos por un momento que los miembros de la iglesia han estado compartiendo su fe con sus compañeros, bien sea de estudios o de trabajo, invitándolos a asistir al próximo culto de la iglesia. Ese próximo culto se llena de personas que hicieron decisión por Cristo entre semana o sencillamente decidieron venir por aceptar una invitación.

Habrá mucha gente nueva y mucho gozo en los hermanos quienes compartiendo su experiencia durante la semana, traerán gozo a los demás.

Los cultos se convierten en una verdadera celebración y el Señor añadirá cada día los que se van salvando.

6.   La Evangelización Personal es importante porque involucra a toda la iglesia, mientras sus pastores se dedican a capacitar y equipar a los santos para la obra del ministerio (Efesios 4:11-12)
Por estas y otras razones la evangelización personal debe ser el blanco de cada creyente. Teniendo nuestro modelo por excelencia: JESUCRISTO.

Si queremos ver un mundo diferente, si queremos ver un hombre nuevo, si queremos ver una familia viviendo en armonía, si queremos ver una sociedad que se mueva en santidad y no en corrupción, si queremos ver un mundo en el que podamos habitar con una mejor forma de vida, hagamos evangelización. No digo que como cristianos no tengamos otras cosas que hacer, pero la evangelizar debe ser la prioridad.

Hace tiempo leí algo que me impresionó profundamente, se refería al sueño de un hombre que descubrió el gozo de ganar almas.

En el sueño, dice él: "Vi al Gran Rey sentado sobre su trono. A uno y otro lado del trono vi a los Ángeles: Uriel, Rafael, Miguel y Gabriel. Delante del trono estaba otro ángel, el ángel del libro, y a su lado estaba uno de los mortales.

¿Quién es este que has traído y cuáles son sus derechos?
-Preguntó el Rey-

Rey, este hombre cantaba cantos consagrados en alabanza tuya, Rey todopoderoso, cantos que todavía resuenan a través de la iglesia. -Contestó el ángel-

Hazlo subir y que éste cante aquí al lado de Gabriel, el ángel del canto.

Esto se repitió con varios mortales, y cada uno según su obra, recibía un reconocimiento de parte del Gran Rey, que consistía en estar con uno de los ángeles.

Pero de repente, el ángel del libro, aparece con otro mortal. En el sueño el hombre se preguntó, ¿quién es éste y por qué le había traído? En su persona no había señal de grandeza. Sus ojos carecían de la chispa del genio. Su rostro estaba golpeado y desgarrado por las pruebas de la vida.

Era un hombre sencillo y ordinario.

¿Por qué, me pregunté de nuevo, le había traído?

Entonces el Rey hizo la pregunta de rigor. ¿Quién es éste y por qué le has traído?

El ángel consultó el libro, y levantando la cabeza con una sonrisa de gozo, gritó. ¡Este hombre ganó un alma para ti, Señor!

Nunca se supo lo que dijo el Rey que estaba sentado en su Trono, porque todo el cielo resonó con un grito muy fuerte, mientras los ángeles y arcángeles, los querubines y serafines, y todas las huestes del cielo cantaban, gritaban y se regocijaban por esa alma que había sido redimida".

Lucas 15:7 dice: Os digo que así habrá más gozo en el cielo por un pecador que se arrepiente, que por noventa y nueve justos que no necesitan arrepentimiento.

"Hacer discípulos" es nuestro privilegio. Y una tremenda bendición. La Biblia dice:

"Y el que gana almas es sabio". (Proverbios 11:30).

"Los entendidos resplandecerán como el resplandor del firmamento; y los que enseñan la justicia a la multitud, como las estrellas a perpetua eternidad". (Daniel 12:3).

¡Cuán hermosos son los pies de los que anuncian la paz, de los que anuncian buenas nuevas! (Romanos 10:15).

"El que haga volver al pecador del error de su camino, salvará de muerte un alma" (Santiago 5:20).

Definitivamente, la iglesia está llamada a evangelizar, la iglesia que no evangeliza se momifica. Todos los cristianos debemos evangelizar; algunos recibieron el don de evangelistas, según (Efesios 4:11), otros son llamados a hacer "obra de evangelista" 2 Timoteo 4:5, pero todos hemos recibido la orden de "Id por todo el mundo y predicad el evangelio a toda criatura". (Marcos 16:15).

Todo cristiano, no sólo debe asumir con responsabilidad el predicar el evangelio, sino buscar la oportunidad de experimentar el gozo de traer a alguien a los pies de Jesucristo. Sabemos que la voluntad de Dios es que ninguno se pierda (2 Pedro 3:9). Y quiere que todos los hombres sean salvos. (1 Timoteo 2:4) Y procurar que forme parte de esa gran familia. Todo creyente debe procurar en obediencia compartir el evangelio con cuantas personas pueda.

Hace algunos años hice un viaje desde Venezuela a Miami, a mi lado estaba un hombre de nacionalidad cubana. Intenté predicarle el evangelio, pero no me prestó atención, venía muy concentrado en sus negocios. Durante el vuelo ocurrió un incidente que hizo que el avión descendiera muy rápidamente, lo cual provoco pánico en la mayoría; en medio de esta crisis, alce mi voz y dije: ¡Si este avión se va a tierra, yo me voy para el cielo! Cuando todo volvió a la normalidad, el hombre que venía a mi lado me pidió que le explicara lo que había dicho. Así que le prediqué el evangelio, el cual recibió con gozo. Nunca olvidaré la expresión de su rostro, porque muy conmovido alzó la voz y en su tono cubano exclamó diciendo: ¡Oye, muchacho, qué cosa tan grande tú me has dicho, al llegar a casa lo compartiré con mi esposa y con mi hija! Él recibió la buena noticia. Yo no sé si lo veré otra vez en esta tierra, pero de una cosa estoy seguro, ese cubano jamás olvidará lo que Jesucristo logro para él en la cruz.

Cuando uno escucha a las personas que han tenido un encuentro con Jesucristo, se maravilla de la diversidad de formas en que Dios obró para salvarlas. Dios ha usado la radio, la televisión, la lectura de un folleto, o por sueños o una aparición milagrosa, como le aconteció a Pablo, camino a Damasco. No debemos menospreciar ningún método cuando se trata de ayudar a alguien a tener un encuentro con Jesucristo. Pudiéramos pensar que algunos métodos son más estratégicos que otros, pero sin descalificar ninguno. Hay quienes piensan que los esfuerzos masivos, sólo son programas ineficaces o pérdida de tiempo y dinero. Pero ya hemos hablado de los beneficios que trajeron al mundo algunos esfuerzos masivos de evangelización que la historia registra.

CAPÍTULO 4

*i*ncorporar

"AL DISCÍPULO HAY QUE BAUTIZARLO, LA COMUNIÓN EN LA IGLESIA ES IMPORTANTE Y NECESARIA"

"...BAUTIZÁNDOLOS EN EL NOMBRE DEL PADRE, Y DEL HIJO, Y DEL ESPÍRITU SANTO..."

L o más rápido que se pueda, luego que una persona recibe a Jesucristo como su salvador personal, debe orientársele para que se bautice y se incorpore a la iglesia. La incorporación de nuevos discípulos a la comunión de la iglesia no es algo que ocurre automáticamente. Todas las iglesias deberían tener una muy buena estrategia para que los nuevos discípulos encuentren una familia que los cuide y les ayude en su nueva vida. Las iglesias no deben suponer que las personas que reciben a Jesucristo como salvador de sus vidas, ya lo tienen todo y no necesitan nada más. La realidad es otra, ellos necesitan crecer en su nueva vida, y la iglesia es el lugar escogido por Dios para su crecimiento y desarrollo. Por eso entiendo el énfasis del Señor de que los nuevos discípulos deben ser bautizados.

¿QUÉ ES EL BAUTISMO?
Es un mandato del Señor Jesucristo, dado primeramente a sus discípulos, pero que cobra vigencia en cualquier tiempo y lugar. El mandato es muy sencillo, pero específico. Todo aquel que

decide aceptar a Jesucristo como su salvador personal, o decide ser su discípulo, debe ser bautizado. El bautismo puede describirse como la acción de iniciación del creyente a la vida cristiana. El bautismo de los creyentes se inició desde los primeros días del cristianismo. Cuando una persona se arrepentía y depositaba su fe en el sacrificio de Jesucristo, era bautizada. Por eso puede afirmarse que el bautismo es una identificación con Cristo.

Mediante el bautismo en agua, el creyente proclama públicamente su identificación con Jesucristo. Por eso encontramos la expresión del apóstol Pedro: "Y bautícese… en el nombre de Jesucristo", en Hechos 2:38, de Felipe: "bautizados en el nombre de Jesús", en Hechos 8:16, y de Pablo, en Hechos 19:3-5.

"EN EL NOMBRE DE JESUS" expresa la autoridad del Nombre de quien estableció el bautismo. El que se bautiza debe confesar a Jesucristo como Señor y Salvador de su vida, y el que bautiza lo hace: "EN EL NOMBRE DEL PADRE, Y DEL HIJO, Y DEL ESPÍRITU SANTO". (Mateo 28:19).

Cuando Dios nos permite el gozo de inducir a una persona en el camino del discipulado, no debemos pensar que la obra ya está consumada, sino más bien entender que eso es apenas el inicio de la vida cristiana. Después de conocer a Jesucristo como su salvador personal, el nuevo discípulo debe ser motivado a ser bautizado.

¿CUÁL ES LA IMPORTANCIA DEL BAUTISMO?
El bautismo era considerado como un acto por medio del cual el que se bautizaba expresaba su convicción de pertenencia o de ser seguidor de aquel a quien le había entregado su vida, a Jesucristo. El bautismo es una expresión de obediencia, una manifestación externa de una experiencia interna, la conversión. Una demostración pública de su nueva fe, donde se manifiesta su confianza en el sacrificio de Jesucristo en la cruz del Calvario. Por eso cada nuevo discípulo debía ser bautizado.

LOS PRIMEROS DISCÍPULOS OBEDECIERON ESTA ORDEN DE FORMA RESPONSABLE

Sólo tenemos que dar un vistazo al registro que presenta el libro de los HECHOS de los Apóstoles, para darnos cuenta de esta gran verdad:

UNA MULTITUD CREYÓ Y FUE BAUTIZADA (Hechos 2:41)

"Así que, los que recibieron su palabra fueron bautizados; y se añadieron aquel día como tres mil personas" El registro bíblico dice que aquel día se añadieron a la iglesia, por medio del bautismo, tres mil personas. ¿Fueron bautizados ese mismo día? ¿Quién los bautizó? La Biblia no nos da esa información. Pero si sólo suponemos que todos fueron bautizados el mismo día y que los ciento veinte (120) participaron en el bautismo, a cada uno le tocó bautizar a veinticinco (25). Sin duda alguna, debió de ser una gran celebración. Un hermoso día.

HOMBRES Y MUJERES FUERON BAUTIZADOS DESPUÉS DE CREER (Hechos 8:12)

EL ETÍOPE CREYÓ Y FUE BAUTIZADO (Hechos 8:36-38).

"Y yendo por el camino, llegaron a cierta agua, y dijo el eunuco: Aquí hay agua; ¿qué impide que yo sea bautizado? Felipe dijo: Si crees de todo corazón bien puedes. Y respondiendo, dijo: Creo que Jesucristo es el Hijo de Dios. Y mandó parar el carro; y descendieron ambos al agua, Felipe y el eunuco, y le bautizó".

EL CARCELERO DE FILIPOS CREYÓ CON TODA SU CASA Y FUE BAUTIZADO (Hechos 16: 31-33).

"Ellos dijeron: Cree en el Señor Jesucristo, y serás salvo, tú y tu casa. Y le hablaron la palabra del Señor a él y a todos los que estaban en su casa. Y él, tomándolos en aquella misma hora de la noche, les lavó las heridas; y en seguida se bautizó él con todos los suyos".

CRISPO, SU FAMILIA Y ALGUNOS CORINTIOS CREYERON Y FUERON BAUTIZADOS (Hechos 18:8).

"Y Crispo, el principal de la sinagoga, creyó en el Señor con toda su casa; y muchos de los corintios, oyendo, creían y eran bautizados". El bautismo seguía a la confesión de fe en Jesucristo. El período de tiempo entre una confesión de fe y el bautismo no es el punto de esta reflexión, el punto es que cada nuevo discípulo debe ser bautizado.

LA IGLESIA ACTUAL DEBE ASUMIR RESPONSABLEMENTE BAUTIZAR AL NUEVO DISCÍPULO.

Como se ha dicho antes, la tarea de la iglesia no termina con inducir a una persona a recibir a Jesucristo como Salvador de su vida. Esto es sólo el inicio, el nuevo discípulo debe ser orientado en su nueva vida.

Rick Warren dice que muchas iglesias suponen equivocadamente que una vez que una persona ha recibido a Cristo, la operación se ha consumado y ahora es responsabilidad del nuevo creyente seguir adelante con su compromiso y unirse a la iglesia.

Es cierto que el nuevo discípulo debe seguir, en forma responsable, en su nueva fe, como Pablo le aconsejó a los hermanos de Colosas: "Por tanto, de la manera que habéis recibido al Señor Jesucristo, andad en él". (Colosenses 2:6) (RV 1960). Pero también hay que entender que es probable que el nuevo discípulo no sepa mucho acerca de su compromiso en su nueva fe.

Por ejemplo, quien escribe recibió a Jesucristo cuando tenía 19 años de edad; fue una experiencia gloriosa, quería estar donde estuvieran 2 ó 3 congregados en el nombre de Jesucristo. Tan grande era el deseo de orar, cantar y leer o escuchar algún estudio de la Biblia, que en una ocasión entré a una iglesia no cristiana, sólo porque al pasar por el frente escuché que cantaban una canción "cristiana". En otra ocasión, fui invitado por un amigo a una reunión donde se celebrarían unos bautismos. Mi amigo me sugirió que me bautizara, y le dije que no, porque yo no entendía lo que se estaba haciendo.

Conocí el evangelio de Jesucristo por medio de una persona de más de 80 años, quien me predicó en su casa. Por su edad, y por no tener una iglesia cerca de su casa, no se congregaba. Como consecuencia, yo tampoco tenía una iglesia en particular, y comencé a reunirme en cualquier lugar donde estuvieran algunos cristianos reunidos.

Cierto día, dirigiéndome a uno de esos grupos, donde se había anunciado un estudio bíblico, hice una parada en la casa de esa persona para saludarla. Cuando llegó la hora de irme, me despedí de ella explicándole que iba a un estudio bíblico. Sin titubear me dijo:

Tú estás como dijo Santiago "...el que duda es semejante a la onda del mar, que es arrastrada por el viento y echada de una parte a otra..." (Santiago 1:6) (RV 1960). Debes estabilizarte y no andar de un lugar a otro, porque así nunca verás el fruto de tu trabajo. No entendí lo que me quiso decir y me marché.

Estando en el estudio bíblico, el maestro asignó varios pasajes bíblicos para leer, a mí me tocó (Santiago 1:6) "Pero pida con fe, no dudando nada; porque el que duda es semejante a la onda del mar, que es arrastrada por el viento y echada de una parte a otra". (RV 1960).

Cuando lo leí, no podía salir de mi sorpresa, ya que se trataba del mismo versículo que aquella mujer avanzada en edad me había dicho. Pedí permiso y me retiré de la reunión. Llegué a la casa de la anciana, le pedí perdón y le propuse que comenzáramos ella y yo un culto diario en su casa. Aceptó con gozo. Eso fue en el año 1972, y al año de haber comenzado mis reuniones con ella, en su casa se constituyó una iglesia. Un año después me fui al seminario a prepararme para el ministerio.

Doy gracias a Dios por haberme guardado en mi infancia espiritual, pero pudo haber pasado cualquier cosa si esa mujer de Dios no me llama la atención. Lo que ella hizo es lo que la iglesia debe hacer. Orientar al nuevo discípulo.

La iglesia debe tener como una prioridad la incorporación de nuevos miembros, debe mostrar interés genuino por ellos, no dejarlos a la deriva, porque esto es muy peligroso.

El nuevo discípulo debe ser llevado a ser como su Señor. La iglesia local es su escuela de formación, separado de este cuerpo muy difícilmente lo logrará. Por eso es necesario ayudarlo a entender la importancia de comprometerse con la iglesia, como su iglesia.

Si la iglesia no posee una estrategia de incorporar y mantener a los nuevos discípulos en la comunión de los santos, no se quedarán, entrarán por la puerta del frente y saldrán por la de atrás.

AL NUEVO DISCÍPULO SE LE DEBE HABLAR DE LOS BENEFICIOS DE SER MIEMBRO DE UNA IGLESIA LOCAL.
Sin perder de vista que el hacerse miembro de una iglesia local es un acto de compromiso del nuevo discípulo, éstos deben ser motivados. Hay que mostrarles los beneficios que recibirán a cambio de su compromiso.

Algunos beneficios a ser considerados:
1. Pertenecer a la familia de Dios (Ef. 2:19).
2. Tener una función en el cuerpo (Rom. 12:5).
3. Apoyar a los miembros del cuerpo (Gálatas 6:1-2 y Heb. 10:24-25).
4. Oportunidad de descubrir y usar sus dones espirituales en beneficio de otros (1 Cor. 12:7; 1 Pedro 4:10).
5. Estar bajo la cobertura de sus líderes espirituales (Hebreos 13:17 y Hechos 20:28-29).
6. Adorar a Dios junto a otros que experimentaron lo mismo que Él.
7. Experimentar un verdadero compañerismo.
8. Crecer en el conocimiento de Dios.
9. Aprender a compartir su fe en Cristo.

Estos sólo son algunos de los beneficios que tendrán los incorporados como miembros de una iglesia local. Dios no quiere que sus hijos anden aislados, y les creó una familia espiritual en la tierra para que crezcan saludablemente.

CAPÍTULO 5

*i*nstruir

LA IGLESIA ES RESPOSABLE DE LA MADUREZ DEL NUEVO DISCÍPULO

"EL NUEVO DISCÍPULO DEBE SER CAPACITADO"

"...Enseñándole..."

Un nuevo discípulo es aquel que ha nacido de nuevo por haber confesado que Jesucristo es su Señor y Salvador. Ese es el único requisito que se necesita para ser un discípulo, no hay ningún programa de capacitación que te pueda hacer discípulo, sólo el nuevo nacimiento.

La Biblia dice: "De modo que si alguno está en Cristo Nueva Criatura es..." (2 Cor. 5:17). Cada "Nueva Criatura" necesita desarrollarse, madurar o crecer espiritualmente. Por eso, el Señor Jesús nos manda a enseñar a los "nuevos discípulos".

Todas las Iglesias deben tener un proceso por medio del cual lleven a sus discípulos a la madurez espiritual. Ese proceso se conoce como discipulado, proceso por medio el cual se ayuda a un discípulo a crecer espiritualmente. Se puede afirmar que la enseñanza para un nuevo discípulo es insustituible. Lo que una nueva criatura aprende en su niñez espiritual, influirá para el resto de su vida. Debemos aprovechar los primeros días, semanas o meses de un nuevo creyente para comenzar el proceso de discipulado.

Un viejo refrán dice: "árbol que crece torcido, nunca su rama endereza". Si aplicamos esto a la vida cristiana, el llamado es a evitar una mala formación. Por sobre todas las cosas debemos evitar que un cristiano crezca torcido. Es más fácil formar a un nuevo discípulo, que reformar a uno que creció con poca o ninguna preparación. Creemos que Dios, finalmente, cumplirá su propósito en nosotros. Como bien lo afirma el apóstol Pablo: "estando persuadido de esto, que el que comenzó en vosotros la buena obra, la perfeccionará hasta el día de Jesucristo". (Fil. 1:6). Dios ha prometido perfeccionarnos, y él lo hará; nos perfeccionará sin duda alguna, pero de lo que se trata es que lo haga conforme a su plan.

En otra parte leemos: "Y el mismo Dios de paz os santifique por completo; y todo vuestro ser, espíritu, alma y cuerpo, sea guardado irreprensible para la venida de nuestro Señor Jesucristo. Fiel es el que os llama, el cual también lo hará". (1 Tes. 5:23-24).

Dios nos santificará, lo hará en la medida que se lo permitamos, aunque finalmente todos seremos santificados. Dios comenzó una obra en nosotros y quiere terminarla. Allí es donde la enseñanza juega un papel importantísimo. Para perfeccionarnos o santificarnos, Dios nos dejó las Escrituras, y Jesús nos dejó la orden de que las enseñemos.

"Necesitamos con urgencia una enseñanza cristiana, que haga ver al nuevo discípulo, que su vida es un proyecto divino. El salmista dijo: "Jehová cumplirá su propósito en mí;...". (Salmo 138:8ª)

Definitivamente, Dios tiene planes para cada nuevo discípulo. Debemos evitar, a cualquier precio que el nuevo discípulo ande a la deriva, malgastando su vida en cosas superficiales, debemos buscar que sea encaminado en su misión de vida.

Paulo Coelho cuenta la historia de un joven que contemplaba el océano en la cubierta de un barco carguero, cuando una ola inesperada lo lanzó al mar, después de una gran esfuerzo, un marinero logró rescatarlo.

-       Le estoy muy agradecido por haberme salvado la vida – le dijo el joven.

-       No se preocupe – respondió el marinero – pero procure vivirla como algo que mereció la pena salvar.

A Dios le ha costado más que un gran esfuerzo salvarnos, le ha costado su único Hijo: "mas Dios muestra su amor para con nosotros, en que siendo aún pecadores, Cristo murió por nosotros". (Romanos. 5:8)(RV 1960).

"Porque de tal manera amó Dios al mundo, que ha dado a su Hijo unigénito, para que todo aquel que en Él cree, no se pierda, mas tenga vida eterna". (Juan 3:16) (RV 1960).

La salvación es sólo el inicio de la vida cristiana, ésta debe ser llevada a la madurez espiritual. La madurez espiritual no se debe dejar al azar, porque no ocurre automáticamente.

Existen tres razones básicas para buscar el crecimiento del nuevo discípulo.

JESÚS ORDENÓ ENSEÑAR AL NUEVO DISCÍPULO.

Él dijo: "enseñándoles". (Mateo 28:19). Lo que nos ha mandado no es diferente a lo que él hizo durante su ministerio. Dedico tres años de su vida a enseñar a sus doce discípulos.

John R. W. Stott dijo: "la ignorancia es la madre de la superstición, no de la devoción".

En el Antiguo Testamento leemos: "Mi pueblo fue destruido, porque le faltó conocimiento". (Oseas 4:6ª) (RV 1960).

La enseñanza, puede decirse que, son herramientas que un discípulo recibe para poder salir exitosamente de cualquier situación que la vida le presente, o darle la clave para vivir la vida victoria que Dios preparó de antemano para que viviera en ella. De los doce discípulos sólo se perdió el hijo de perdición (Juan 17:12). El resto guardó la Palabra de Dios que Jesucristo les dio (Juan 17:6). Durante tres años les enseñó la Palabra, la cual ellos guardaron.

La Biblia nos muestra que Dios también le dio la Palabra al pueblo de Israel y esperaba que se guardara y obedeciera.

Deuteronomio 6:3-9: "3Oye, pues, Israel, y cuida de ponerlos por obra, para que te vaya bien en la tierra que fluye leche y miel, y os multipliquéis, como te ha dicho Jehová, el Dios de tus padres. 4Oye, Israel: Jehová, nuestro Dios, Jehová uno es.5Amarás a Jehová, tu Dios, de todo tu corazón, de toda tu alma y con todas tus fuerzas.6 Estas palabras que yo te mando hoy, estarán sobre tu corazón. 7Se las repetirás a tus hijos, y les hablarás de ellas estando en tu casa y andando por el camino, al acostarte y cuando te levantes. 8Las atarás como una señal en tu mano, y estarán como frontales entre tus ojos; 9las escribirás en los postes de tu casa y en tus puertas". (RV 1960)

Una palabra clave es: "…para que te vaya bien…" Ese es el propósito que persigue la enseñanza.

El Nuevo Testamento nos habla de una meta muy elevada, que debe ser el propósito de la enseñanza.

"Hasta que todos lleguemos a la unidad de la fe y del conocimiento del Hijo de Dios, a un varón perfecto, a la medida de la estatura de la plenitud de Cristo". (Efesios 4:13) (RV 1960). La meta es: La imagen y la estatura de su Hijo Unigénito. (Jesucristo)

La enseñanza es primordial para alcanzar este nivel de crecimiento espiritual.

Jesucristo dejó un equipo preparado para que se encargara de la enseñanza. "11Y él mismo constituyó a unos, apóstoles; a otros, profetas; a otros, evangelistas; a otros, pastores y maestros, 12a fin de perfeccionar a los santos para la obra del ministerio, para la edificación del cuerpo de Cristo,". (Efesios 4:11-12) (RV 1960). Así que, Jesús no sólo quiere nuestro crecimiento, sino que además nos dejó también la estrategia para lograrlo.

EL NUEVO DISCÍPULO NECESITA CRECER

"Hasta que todos lleguemos a la estatura de un varón perfecto..."Esta es la meta que tenemos por delante, a eso apuntamos. El nuevo discípulo no va a crecer de la noche a la mañana. La madurez espiritual es un proceso que puede llevar toda la vida. Y no es algo que se produce automáticamente. No se alcanza por asistir fielmente durante mucho tiempo a una iglesia.

Rick Warren dice: "Un miembro estable no es lo mismo que un miembro maduro".[18] (I.C.P. pág. 342).

Son muchos los creyentes que han sido muy estables en sus congregaciones y siguen comportándose como niños espirituales. Se puede envejecer como cristianos, sin madurar espiritualmente.

Otra cosa importante que debe reconocerse es que la madurez espiritual no tiene atajos.

Hay creyentes que andan detrás de una experiencia, un toque especial, una conferencia, un taller, un seminario, una "oración de liberación" o una "transferencia de santidad", para crecer espiritualmente.

No dudo de que algunas de estas experiencias pudieran servir como un detonante de motivación para buscar el crecimiento espiritual, pero sólo sería eso, el inicio y no todo el proceso.

El crecimiento espiritual comienza con una decisión, indistintamente de cuál sea la motivación. El nuevo discípulo debe comprometerse con aquello que le ayude a crecer en su nueva vida, para su propio bienestar.

---

[18] Rick Warren, Una Iglesia con Propósito; pág. 342.

Pablo escribió: "antes bien, creced en la gracia y el conocimiento de nuestro Señor y Salvador Jesucristo. A él sea la gloria ahora y hasta el día de la eternidad". (2 Pedro. 3:18) (RV 1960).

Se nos ordena crecer, porque crecer es una necesidad. El crecimiento espiritual requiere disciplina, hay que dejar la flojera espiritual. Pablo le dice a su discípulo Timoteo: 1 Tim. 4:7b "...ejercítate para la piedad". Y otra vez le dice: 2 Tim. 2:1: "tú, pues, hijo mío, esfuérzate en la gracia que es en Cristo Jesús".

Se puede decir que en las manos del nuevo discípulo está la decisión de usar su vida para el propósito de Dios o para su propia banalidad o mediocridad espiritual. La otra razón para el crecimiento del nuevo discípulo es:

LA IGLESIA ES RESPONSABLE DEL CRECIMIENTO DEL NUEVO DISCÍPULO

La iglesia es el instrumento de Dios para ayudar al nuevo discípulo a crecer y multiplicarse. Si bien es cierto que el crecimiento lo da Dios, es la iglesia el instrumento para que esto se ejecute. Enseñar al nuevo discípulo no es una opción para la iglesia, es su obligación principal.

El descuido de la enseñanza en la iglesia, ha sido un factor de estancamiento. Esto también ha sido una gran "omisión", trayendo como consecuencia que tanto el nuevo discípulo, como la iglesia misma, dejan de crecer.

Cuando la iglesia no tiene un plan bien orquestado de enseñanza, la gente viene y va; como algunos han dicho, entran por la puerta delantera y se van por la puerta de atrás. Es urgente "cerrar la puerta posterior", y con la enseñanza oportuna podemos lograrlo. Un recién nacido necesita atención especial para su crecimiento natural. Un nuevo discípulo también.

Si la atención no es inmediata, lo exponemos a corrientes filosóficas y teológicas que el diablo usará para tratar de desviarlo de la verdad del evangelio o entorpecer su crecimiento espiritual.

Es muy significativo lo que la Biblia dice sobre los niños espirituales. Por ejemplo, el apóstol Pablo escribió:

"Para que ya no seamos niños fluctuantes, llevados por doquiera de todo viento de doctrina, por estratagema de hombres que para engañar emplean con astucia las artimañas del error". (Efesios 4:14).

Con mucha frecuencia oímos hablar de la inocencia de un niño, particularmente porque su tendencia es creer todo lo que le dicen. La iglesia debe usar esta característica con el nuevo discípulo, para enseñarle la verdad antes que otros le enseñen la mentira.

La enseñanza seria y responsable apunta a un mejor cristiano, mediante su capacitación continua.

Se puede decir que el objetivo que la iglesia busca, al enseñar a un nuevo discípulo, es más que dar conocimiento o desarrollar habilidades, o promoverlo de un nivel a otro, u otorgarle un título académico. Nadie debería negar que estas cosas tienen su valor, pero el enfoque de la iglesia es formar cristianos íntegros, capaces de comprometerse de una manera incondicional con su Señor y Salvador Jesucristo. Que pueda decir como el apóstol Pablo: "7Pero cuantas cosas eran para mí ganancia, las he estimado como pérdida por amor de Cristo. 8Y ciertamente, aun estimo todas las cosas como pérdida por la excelencia del conocimiento de Cristo Jesús, mi Señor. Por amor a él lo he perdido todo y lo tengo por basura, para ganar a Cristo". (Fil. 3:7-8)(RV 1960).

Este es el propósito que Dios le ha delegado a la iglesia, llevar al nuevo discípulo a un nivel de crecimiento espiritual que nada ni nadie lo mueva de su posición en Cristo. En otras palabras, debemos ver a cada nuevo discípulo como un diamante en bruto, como un líder potencial, ejerciendo el ministerio para el cual fue capacitado, (1Pedro 4:10). Ningún esfuerzo que la iglesia haga, en busca de este ideal, debe ser tenido en poco. Porque todo lo que redunde en la solidez del nuevo discípulo, vale la pena.

La iglesia necesita ver la enseñanza como un arma poderosa contra la ignorancia. Se requiere un plan organizado para lograr la formación integral del nuevo discípulo. Es necesario el establecimiento de estrategias urgentes que nos permitan no solo mantener al nuevo discípulo en el seno de la iglesia, sino también desarrollar su potencial, para que siga el ciclo de la vida cristiana, que el apóstol Pablo describió magistralmente: "Lo que has oído de mí ante muchos testigos, esto encarga a hombres fieles que sean idóneos para enseñar también a otros". (2 Tim. 2:2).

La enseñanza en la iglesia, no debe ser vista solamente como:
· Un compromiso para cumplir.
· Un programa que hay que cubrir.
· Una estadística que debe llenarse.
· Una serie de estudios que debe darse.

La enseñanza tiene que apuntar a la conducta, al carácter, a las acciones, a las palabras, a los sentimientos y actitudes del nuevo discípulo, hasta llevarlo a ser como Cristo.

Rick Warren dice: "La madurez espiritual se demuestra mejor a través del comportamiento, que a través de las creencias".[19]

Una cosa muy importante, para terminar con esta idea, los encargados de enseñar a los nuevos discípulos, aquellos a quienes la iglesia les asigne esa tarea, deben ser personas que modelen con su propia vida. Que amen al Señor por encima de todos y de todo.

La iglesia debe estar llena de miembros que sean ejemplos a seguir. Pablo dijo: "Sed imitadores de mí, así como yo de Cristo" (1 Cor. 11:1). "Lo que aprendisteis, recibisteis, oísteis y visteis en mí, esto haced; y el Dios de paz estará con vosotros". (Fil. 4:9).

También deben ser personas que manejen bien la doctrina.

---

[19] Rick Warren, Una Iglesia con Propósito; Ob. Cit.; pág. 347.

M. Strong dijo: "Nada anula más completamente los esfuerzos del predicador como la confusión y la inconsistencia de sus declaraciones doctrinales".

Cuando la iglesia asuma con responsabilidad la tarea de capacitar a los discípulos que se van añadiendo cada día a la congregación, sin duda alguna verá un nuevo cristiano siendo parte del cuerpo de Jesucristo; así, y sólo así veremos un crecimiento semejante al del primer siglo.

CAPÍTULO 6

*i*nvolucrar

LOS NUEVOS DISCÍPULOS DEBEN EJERCER EL MINISTERIO DENTRO DEL CUERPO

"… que guarden todas las cosas que os he mandado;…"

Hoy son muy pocos los que se atreven a plantearse con seriedad el hacer de la vida cristiana el camino de su vida y caminarlo radicalmente.

El Señor Jesucristo afirmó enfáticamente: "que guarden todas las cosas que os he enseñado". Guardar es poner en práctica las enseñanzas, no solamente conocerlas. Jesús, refiriéndose a los escribas y fariseos, dijo: "En la cátedra de Moisés se sientan los escribas y fariseos. Así que, todo lo que os digan que guardéis, guardadlo y hacedlo; mas no hagáis conforme a sus obras, porque dicen, y no hacen" (Mateo 23:2-3) (RV 1960). Estos eran oidores olvidadizos. Son muchos los que conocen bien las Escrituras y no guardan las enseñanzas de Jesús.

Aquí no hay lugar a dudas, Jesús demanda obediencia; se debe vivir como Cristo mandó; nuestra obediencia a Él está por encima de las modas, las costumbres denominacionales, de cualquier otra persona, aun por encima de la flojera. No se trata de vivir como vive la mayoría, a menos que la mayoría viva guardando todo lo que Jesús enseñó.

Jesús fue muy radical en esto, no hay medias tintas, ni término medio, no se trata de dar un paso a atrás y otro adelante. Él dijo: "Si alguno quiere venir en pos de mí, niéguese a sí mismo, tome su cruz cada día y sígame". (Lucas 9:23) (RV 1960).

Aquí no hay lugar a metas, objetivos, sueños o ideales que no estén enmarcados dentro de lo que Él mandó a guardar.

Existen sólo dos caminos, el espacioso y el angosto, sólo hay dos puertas, la ancha y la angosta.

El llamado de Jesús tiene dos opciones, guardar sus enseñanzas o desobedecerlas.

La iglesia no sólo está llamada a enseñar al nuevo discípulo, sino a ayudarle a guardar las enseñanzas de Jesús.

Quizás esto nos lleve a una pregunta muy importante: ¿Cuáles son esas enseñanzas? Ya hablamos de la importancia de enseñar, aquí queremos enfatizar, la necesidad de guardar las enseñanzas, obedecerlas. Juan 7:16 dice: "Jesús les respondió y dijo: —Mi doctrina no es mía, sino de aquel que me envió.".

Hechos 2:42 registra lo siguiente: "Y perseveraban en la doctrina de los apóstoles, en la comunión unos con otros, en el partimiento del pan y en las oraciones". (RV 1960)

Hechos 5:28, "…diciendo: — ¿No os mandamos estrictamente que no enseñaseis en ese nombre? Pero ahora habéis llenado a Jerusalén de vuestra doctrina, y queréis echar sobre nosotros la sangre de ese hombre". (RV 1960)

Romanos 16:17, "Pero os ruego, hermanos, que os fijéis en los que causan divisiones y ponen tropiezos en contra de la doctrina que vosotros habéis aprendido. Apartaos de ellos". (RV 1960)

Colosenses 1:28-29, "28Nosotros anunciamos a Cristo, amonestando a todo hombre y enseñando a todo hombre en toda sabiduría, a fin de presentar perfecto en Cristo Jesús a todo hombre. 29Para esto también trabajo, luchando según la fuerza de él, la cual actúa poderosamente en mí". (RV 1960)

Colosenses 2:7, "arraigados y sobreedificados en él y confirmados en la fe, así como habéis sido enseñados, abundando en acciones de gracias".

Tito 2:1, "Pero tú habla lo que está de acuerdo con la sana doctrina". (RV 1960)

Las enseñanzas de Jesús se relacionan con su doctrina, que es lo mismo que la doctrina de los apóstoles. Se trata de una serie de enseñanzas que cada creyente debe, no sólo saber, sino también obedecer, y manejar con soltura, para que cumpla aquello que Pablo enfatizó.

"Lo que has oído de mí ante muchos testigos, esto encarga a hombres fieles que sean idóneos para enseñar también a otros.".(2 Timoteo 2:2) (RV 1960).

No se trata de enseñar por enseñar, es velar para ver si las enseñanzas se están practicando.

Se cuenta de una iglesia que llamó a un nuevo pastor para que los pastoreara. El primer domingo que le tocó predicar, ese pastor predicó un mensaje que impactó a todos los miembros de la iglesia, muchos se acercaron a felicitarlo, entre los cuales estaban los diáconos. Para sorpresa de todos, el domingo siguiente el pastor predicó el mismo sermón. Y así lo hizo por los siguientes cuatro domingos. Los diáconos le invitaron a una reunión para persuadirlo a que cambiara el sermón y predicara otro.

Así que, muy amablemente le dijeron: Pastor, sin duda alguna el sermón que usted nos ha predicado por seis semanas seguidas es muy bueno. Sin embargo, creemos que es hora de cambiarlo, y para eso le hemos convocado. ¿Qué dice, Pastor?

El pastor les respondió: comiencen a poner en práctica lo que les estoy enseñando hace seis domingos, y cambiaré el sermón.

Por mucho tiempo me pareció exagerada esta historia, pero ahora, después de 38 años en el ministerio, considero que eso es una gran necesidad. Como pastor, uno habla de muchas cosas desde el púlpito, pero pareciera que espera muy poco de los oyentes.

Jesús mandó a enseñarles a los nuevos discípulos cómo guardar, practicar, y perfeccionarse en la vida cristiana. En otras palabras, Él quiere que los creyentes sean equipados doctrinal y espiritualmente. La palabra equipar implica la idea de, "amoblar de forma completa y conveniente". Y "Dios dejó un equipo de líderes para encargarse de esa labor". (Efesios 4:11)

La idea aquí de perfeccionar, implica que debe trabajarse para hacer que cada miembro del cuerpo esté debidamente equipado. Originalmente se usaba esta palabra con el fin de expresar la debida y correcta funcionalidad de un miembro del cuerpo, del gobierno de turno o del éxito en la labor espiritual.

En cirugía, se usaba para referirse a la corrección de un miembro roto, para que funcionara adecuadamente.

En política, tenía la idea de unificar criterios opuestos para que el gobierno pudiera proseguir su labor sin impedimentos.

En el Nuevo Testamento, se usaba para hablar de la reparación o hechura de redes. (Marcos 1:19).

En la iglesia se relacionaba con una mejor conducta del miembro o, de ser necesario, disciplinar a un ofensor para traerlo a la correcta comunión de la iglesia (Gal. 6:1).

En fin, la idea concreta tiene que ver con poner a alguien en las condiciones ideales para que funcione correcta y eficazmente. ¿Por qué? Porque cada miembro de la iglesia:

DEBE INVOLUCRARSE EN LA EDIFICACIÓN DEL CUERPO

Pablo, el apóstol, dijo: "…a fin de perfeccionar a los santos para la obra del ministerio, para la edificación del cuerpo de Cristo,…" (Efesios 4:12).

"Pero a cada uno le es dada la manifestación del Espíritu para el bien de todos." (1 corintios 12:7).

"Cada uno según el don que ha recibido, minístrelo a los otros, como buenos administradores de la multiforme gracia de Dios". (1 Pedro 4:10).

Una vez, Napoleón, viendo un mapa, señaló a China y dijo: "Aquí yace un gigante dormido. Si alguna vez se despierta nadie podrá detenerlo".

Si miramos a la iglesia de este siglo, tendríamos que decir lo mismo.

Lamentablemente, el cuerpo de Cristo está dormido. En otras palabras, no está haciendo aquello para lo cual fue hecho. Efesios 2:10 dice: "pues somos hechura suya, creados en Cristo Jesús para buenas obras, las cuales Dios preparó de antemano para que anduviéramos en ellas".

Definitivamente, la voluntad de Dios es que todos sus hijos sean activos en su obra, edificándola para que se cumpla su propósito en el mundo.

Las palabras inspiradoras del Apóstol Pablo siguen teniendo vigencia en estos días del nuevo milenio. "Por lo cual dice: Despiértate, tú que duermes y levántate de los muertos, y te alumbrará Cristo. Mirad, pues, con diligencia cómo andéis, no como necios sino como sabios. Aprovechando bien el tiempo, porque los días son malos". (Efesios 5:14-16) (RV 1960).

Sin duda alguna, las expectativas que Dios tiene de los creyentes son mucho más elevadas que las que nos han enseñado en las iglesias tradicionales.

Sólo tenemos que examinar la manera en que se califica a los miembros de la iglesia cuando hay referencia a ellos como "pasivos" o "activos".

El "activo" es aquel que asiste con regularidad, apoya económicamente, y se deja ver la cara en una y otra actividad especial. Esto es "todo" lo que se espera de él.

Pero Dios espera mucho más. Espera un gran compromiso, una entrega incondicional, una manifestación de amor y gratitud.

A veces me pregunto, ¿Qué sentirá Dios al ver cómo malgastamos nuestra vida en superficialidades?

Personalmente no puedo resignarme a pensar que así es como funciona, y que no hay forma de cambiarlo.

Por experiencia pastoral, estoy consciente de la apatía que muestra la mayoría de los miembros de la iglesia. Recientemente viví una de las experiencias más tristes en mi ministerio. Convoqué a los miembros de la iglesia que pastoreo a una gran concentración, a la cual estaban invitadas las 20 congregaciones que en nuestro esfuerzo misionero hemos alcanzado. Durante dos meses, lo anuncié con muchas expectativas. El domingo del "gran evento", en el culto matutino pedí en el Nombre de Jesús que nadie se quedara esa tarde en su casa, sino que vinieran y nos gozáramos del fruto del trabajo misionero. Sólo un 15% de los miembros asistió. Para mí fue muy TRISTE ver aquello.

Espero en el Señor que los talentos, recursos, habilidades, dones, creatividad y tiempo, de los cristianos experimenten un despertar. En Hageo leemos: "Así despertó Jehová el espíritu de Zorobabel hijo de Salatiel, gobernador de Judá, y el espíritu de Josué hijo de Josadac, sumo sacerdote, y el espíritu de todo el resto del pueblo. Ellos fueron y comenzaron a trabajar en la casa de Jehová de los ejércitos, su Dios". (Hageo 1:14) (RV 1960).

Esto añade un ingrediente más en el trabajo pastoral, debemos persistir en la oración y en el ministerio de la Palabra, como muy bien lo señaló Lucas, en ocasión de elegir diáconos para servir en las mesas.

Los apóstoles dijeron "Nosotros persistiremos en la oración y en el ministerio de la Palabra". (Hechos 6:4).

Quizás este sea el orden correcto. La iglesia debe orar porque Dios despierte el espíritu del nuevo discípulo, y trabajar, ministrando la palabra de Dios, para ayudarlo a crecer e involucrarse.

Cada creyente debe ejercer el ministerio que recibió del Señor. Esto es más que asistir u ofrendar.

Si debemos orar para que Dios levante un ejército de un valle de huesos secos, oraremos hasta ver el milagro. Paralelamente a esto, debemos enseñar para que ese ejército se involucre. Me gusta la idea de Rick Warren cuando sugiere convertir una audiencia en un ejército. El sistema que usa para alcanzar este objetivo, es: Equipar y capacitar a los discípulos y lanzarlos al ministerio.

Él lo llama las bases bíblicas para el ministerio, y dice:

TODO CREYENTE ES UN MINISTRO
Sostiene que servir en el cuerpo no es una cuestión opcional para los cristianos, en el ejército de Dios el servicio es obligatorio. Señala que hemos sido:

- Creados para el ministerio. (Efesios 2:10).
- Salvados para el ministerio. (2 Tim. 1:9).
- Llamados para el ministerio. (1 Pedro 2:9).
- Dotados para el ministerio (1 Pedro 4:10).
- Autorizados para el ministerio (Mateo 28:18-20).
- Instruidos para el ministerio (Mateo 20:26-28).
- Preparados para el ministerio (1 Corintios 12:27).
- Responsables de su ministerio (Colosenses 3:23-24).

TODOS LOS MINISTERIOS SON IMPORTANTES

Cada creyente tiene un lugar estratégico en la iglesia de Cristo, no existe un ministerio más importante que otro (1 Corintios 12:18-22). Algunos ministerios se ven en la práctica más que otros, pero eso no los hace más importantes.

TODOS LOS MINISTERIOS ESTÁN ENTRELAZADOS

Ningún ministerio es independiente de los otros. Debemos depender los unos de los otros y cooperar los unos con los otros. Si una parte del cuerpo funciona mal e independiente, los otros son afectados. Debemos trabajar como un equipo.

EL MINISTERIO SE BASA EN VARIOS FACTORES

DON-EL CORAZÓN, LAS HABILIDADES, LA PERSONALIDAD Y LAS EXPERIENCIAS.

¿Cómo podemos motivar a los creyentes a que ministren?

Una de las cosas que debemos hacer es cubrir las necesidades que vayan descubriéndose. En el año 1988 asistí a una conferencia para evangelistas en los Ángeles, California, EEUU. Nunca olvidaré a un pastor que participó, no lo olvidaré por dos razones básicas. Una, su fuerza en la predicación, o su unción para hacerla más bíblica; el intérprete no pudo seguirlo, se disculpó porque no podía seguir traduciendo, la fuerza de ese predicador era demasiada. La otra es que compartió con la audiencia que en su iglesia se cubrían tantas necesidades, que él tenía a un equipo que denominaba "para la necesidad aún no descubierta". Por si encontraba otra.

Hay que buscar que todos tengan posibilidad de ejercer sus ministerios. El pastor capacita, pero los miembros accionan. Los creyentes quieren ser usados por Dios para transformar vidas, o edificar el cuerpo.

La iglesia debe contar no sólo con una estrategia de crecimiento espiritual, sino también con un proceso de ubicación y un personal que esté dedicado al proceso de atención y guía personal.

Hemos sido creados para el ministerio. La iglesia que descubre esta verdad e involucra a cada miembro, tendrá un asombroso y extraordinario crecimiento. Amén.

CAPÍTULO 7

*i*nspirar

EL SEÑOR JESUCRISTO NUNCA NOS ABANDONARÁ

"...y he aquí yo estoy con vosotros todos los días,
hasta el fin del mundo. Amén."

Cierto día David Livingstone se presentó ante los estudiantes de La universidad de Glasgow. Había pasado muchos años en el corazón de África bajo condiciones muy difíciles. Durante su discurso Livingstone dijo: ¿Queréis saber qué fue lo que me sostuvo durante mis largos períodos, entre personas cuya lengua no entendía? Un silencio profundo se esparció entre los estudiantes que escuchaban.

El añadió: Fueron aquellas palabras de Jesucristo: "He aquí yo estoy con vosotros todos los días hasta el fin del mundo".

Cada palabra que salió de la boca de nuestro Señor Jesucristo tuvo y todavía tiene un valor incalculable, como él mismo dijera: "...Las palabras que yo os he hablado son espíritu y son vida". (Juan 6:63).

Pero éstas, en particular, son tan importantes que cualquier cristiano en cualquier parte del mundo puede ser fortalecido por ellas.

No hay un solo día de toda nuestra vida en que su presencia no esté con nosotros. Él dijo: "ESTOY CON VOSOTROS"...

No dijo: "estaré con vosotros", como si se refiriera a una situación en particular, que demandara su presencia. Dijo, "estoy" indistintamente de la situación circunstancial.

¿Por qué estas palabras, particularmente tienen tanta importancia para un discípulo de Jesucristo?

Porque les había dado una orden que, humanamente hablando, era imposible de alcanzar. Ir con su evangelio a todo el mundo. Se puede decir que ésta es la más grande tarea que persona alguna haya recibido. Era necesario acompañarla con la más grande promesa del universo: SU PRESENCIA.

Sin duda alguna, Jesucristo sabía que al verlo ascender al cielo, sus discípulos iban a pensar que quedarían solos. Él les había dicho que no los dejaría huérfanos (Juan 14:18). Con estas palabras les aclaró que aunque su presencia física no estaría con ellos, les dejaría una presencia más conveniente: EL ESPÍRITU SANTO.

¿Por qué es importante que su presencia esté con sus discípulos? POR EL TRABAJO QUE REALIZAMOS

La tarea de cada creyente es ciento por ciento espiritual; aunque podamos ver su manifestación en lo físico o material, es una tarea espiritual. Al salir a predicar el evangelio, nos encontraremos con personas que están, de alguna manera, bajo el control de Satanás. La Biblia nos muestra que las personas sin Cristo son hijos del diablo y siguen sus deseos.

El apóstol Pablo escribió: "1Él os dio vida a vosotros, cuando estabais muertos en vuestros delitos y pecados, 2en los cuales anduvisteis en otro tiempo, siguiendo la corriente de este mundo, conforme al príncipe de la potestad del aire, el espíritu que ahora opera en los hijos de desobediencia". (Efesios 2:1-2) (RV 1960).

Jesús les dijo a los judíos: "Vosotros sois de vuestro padre el diablo, y los deseos de vuestro padre queréis hacer. Él ha sido homicida desde el principio y no ha permanecido en la verdad, porque no hay verdad en él. Cuando habla mentira, de suyo habla, pues es mentiroso y padre de mentira". (Juan 8:44).

Al enfrentarnos con esta realidad debemos entender que sólo Jesucristo puede darnos la victoria sobre el diablo, ayudándonos a sacar de sus dominios a todos aquellos que por años ha esclavizado. La presencia de aquel que todo lo puede, debe ser una fuerza que nos impulse a cumplir con esa desafiante tarea. Jesús le dijo a Simón: "No temas; desde ahora serás pescador de hombres". (Lucas 5:10) (RV 1960).

Ahora bien, como diría Pablo: "…Si Dios es por nosotros, ¿quién contra nosotros? (Romanos 8:31) (RV 1960).

Jesús sanó a un endemoniado, ciego y mudo, y los presentes decían que lo había hecho por el poder de Satanás. Pero Jesús les mostró que lo hizo por el Espíritu de Dios, y les dijo: "… ¿cómo puede alguno entrar en la casa del hombre fuerte, y saquear sus bienes, si primero no le ata? Y entonces podrá saquear su casa. El que no es conmigo, contra mí es; y el que conmigo no recoge, desparrama". (Mateo 12:29-30) (RV 1960).

La enseñanza es muy sencilla, Jesús ató al diablo y saqueó su casa, sacó al demonio de su dominio. A esto se refirió el apóstol Pedro cuando,   refiriéndose a él y a todos los que hemos sido salvos, dijo: "… que os llamó de las tinieblas a su luz admirable; vosotros que en otro tiempo no erais pueblo, pero que ahora sois pueblo de Dios; que en otro tiempo no habíais alcanzado misericordia, pero que ahora habéis alcanzado misericordia". (1Pedro 2:10)

Como podemos notar, hemos sido rescatados al igual que el endemoniado. Pero eso no es todo, todavía hay mucho para recoger, la cosecha está lista; William Barclay dice: "el que no colabora en la recogida de la cosecha, está dispersando el grano de forma que no se pueda recuperar…" Jesús, con su poder, nos dejó el trabajo casi terminado, si su presencia en nosotros y con nosotros no fortalece nuestras vidas, motivándolas para que salgamos a recoger con JESUCRISTO, "y el que conmigo no recoge…" estaremos dejando el campo abierto a Satanás para que: "desparrame" (Mateo 12:30). Sigue diciendo W. Barkley,"…porque el rehusar ayudar a un bando es en realidad prestar apoyo al contrario".

No debemos quedarnos sin hacer nada, por el contrario, debemos hacer nuestro el llamado de Joab: "Esfuérzate, y esforcémonos por nuestro pueblo, y por las ciudades de nuestro Dios; y haga Jehová lo que bien le parezca". (1 Crónicas 19:13). Apropiarnos de las palabras del Señor a Pablo: "Entonces el Señor dijo a Pablo en visión de noche: no temas, sino habla y no calles; porque yo estoy contigo, y ninguno pondrá sobre ti la mano para hacerte mal, porque yo tengo mucho pueblo en esta ciudad. Y se detuvo allí un año y seis meses, enseñando la palabra de Dios". (Hechos 18:9-11).

POR LOS TIEMPOS DIFÍCILES QUE VENDRÁN

Hoy, quienes predican un 'evangelio light', sólo hablan de bienestar, prosperidad, comodidad y éxito en la vida cristiana.

Palabras como las de Pablo a los hermanos colosenses, les son desconocidas: "Ahora me gozo en lo que padezco por vosotros y cumplo en mi carne lo que falta de las aflicciones de Cristo por su cuerpo, que es la iglesia". (Colosenses 1:24).

"…Confirmando los ánimos de los discípulos, exhortándoles a que permaneciesen en la fe, y diciéndoles: Es necesario que a través de muchas tribulaciones entremos en el reino de Dios". (Hechos 14:22).

Muchos se glorían hoy de no tener problemas, pero los antiguos discípulos se gloriaban en medio de los problemas.

"…Y no sólo esto, sino que también nos gloriamos en las tribulaciones, sabiendo que la tribulación produce paciencia". (Romanos 5:3).

Pero una cosa es segura, no hay nada en este mundo, que nos pueda separar del amor de Dios, ninguna tribulación nos robará el gozo del Señor.

¿Quién nos separará del amor de Cristo? ¿Tribulación, o angustia, o persecución, o hambre, o desnudez, o peligro de espada?... Antes, en todas estas cosas somos más que vencedores por medio de aquel que nos amó". (Romanos 8:35,37).

Como dice Chip Ingram, en su libro: Estaré Siempre Contigo, nuestro Dios tiene el poder de   ayudarnos cuando recibimos algún trato injusto, o en tiempos de crisis, cuando te sientes como un don nadie, cuando estás sobrecargado y deprimido, cuando lo eches todo a perder, en tiempo de confusión, en medio de una situación que pareciera no tener salida, allí está él contigo; en la enfermedad que pareciera no tener cura, allí está Dios contigo.

Existe una historia que se denomina "el secreto de la silla vacía". Se refiere a un hombre gravemente enfermo, no podía orar, ni leer la Biblia. Su pastor le recomendó que colocara una silla vacía al lado de su cama, y se imaginara que allí estaba Jesucristo sentado a su lado. Y que extendiera su mano hacia la silla, en tiempo de dolor o angustia, e imaginara que Jesús la tomaba con la suya. Así lo hizo, y con frecuencia se le veía extender su mano sobre la silla. Su condición física empeoraba, pero su estado espiritual mejoraba. El día que murió, su hija llamó al pastor, cuando éste llegó, le preguntó a la hija si había dicho alguna palabra antes de morir. Ella respondió que solamente había extendido su mano sobre la silla, se había sonreído y murió. El pastor también sonrió. Cuando ella le preguntó al pastor   ¿Qué significaba aquello? ¿Qué por qué lo hizo?, él contestó: porque en ese momento su papá se agarraba de la mano de su Señor. Su presencia nos acompañará en tiempos difíciles.

Otra historia que recién escuché dice, que entre los indios SIOUX de los Estados Unidos, la forma de promover a un adolescente a su posición de hombre, es que lo llevan al bosque con los ojos vendados y hacen que se siente en un tronco toda la noche sin moverse, no importando lo que escuche hasta que la luz del sol ilumine su rostro. Se les prohíbe hablar entre ellos de sus experiencias particulares. En cierta ocasión, uno de estos niños vivió momentos muy difíciles, por los rugidos de fieras salvajes que podía identificar. Pero permaneció sentado. Cuando finalmente los rayos del sol alcanzaron su rostro, se quitó la venda, y descubrió que su padre estaba parado delante de él. Allí estuvo toda la noche, cuidando a su hijo. Jesús nunca nos dejará solos.

PORQUE SIN ÉL EL TRABAJO ES EN VANO

Al estar conscientes de su presencia, podemos depender de Él plenamente. El apóstol Juan registra unas palabras muy significativas.

"Yo soy la vid, vosotros los pámpanos; el que permanece en mí y yo en él, este lleva mucho fruto, porque separados de mí nada podéis hacer". (Juan 15:5).

Nuestra comunión con Jesucristo es lo que garantiza el éxito de nuestra evangelización. Marcos 3:14 dice: "Designó entonces a doce para que estuvieran con él, y para enviarlos a predicar".

Los estableció, en primer lugar, para que estuvieran con él; luego los envió a predicar. Igualmente, el apóstol Pedro dice algo muy significativo. "Vosotros también, como piedras vivas, sed edificados como casa espiritual y sacerdocio santo, para ofrecer sacrificios espirituales aceptables a Dios por medio de Jesucristo". (1 Pedro 2:5).

A los creyentes, entre otros calificativos, se les llama Sacerdotes Santos, y su función es adorar. Estar con él. El versículo 9, nos da otro calificativo. "Pero vosotros sois linaje escogido, real sacerdocio, nación santa, pueblo adquirido por Dios, para que anunciéis las virtudes de aquel que os llamó de las tinieblas a su luz admirable". (1 Pedro 2:9). Aquí se les llama real sacerdocio, y su función es que anuncien el evangelio. Primero se es sacerdote santo y luego real sacerdocio.

Si queremos llevar fruto, debemos depender de su presencia.
TODOS LOS DÍAS

Nosotros sembramos la palabra, pero Dios es quien da el fruto (1Corintios 3:6-7). Nosotros hacemos lo que nos corresponde, pero nos pasará lo mismo que a la iglesia primitiva: "Y el Señor añadía cada día a la iglesia los que habían de ser salvos". (Hechos 2:47).

Su presencia me garantiza el resultado, nuestro papel es predicar, el de Dios, salvar.

Su presencia no sólo está con nosotros, sino que continuará con nosotros para siempre. A veces no nos daremos cuenta de que anda con nosotros, y nos pasará lo que les pasó a los discípulos que iban camino a Emaús, que tenían los ojos velados, y no pudieron reconocer su presencia con ellos (Lucas 24:16). Dios hará que caigan las escamas de nuestros ojos para poder entender que él va con nosotros (Lucas 24:31); a lo mejor dudaremos de que está allí, pero está allí. Como dice Isaías 45:15, "Verdaderamente tú eres Dios que te ocultas, Dios de Israel, que salvas"; en ocasiones se ocultará, pero nunca nos dejará. El Salmo 46:11 dice: "¡Jehová de los ejércitos está con nosotros! ¡Nuestro refugio es el Dios de Jacob!"

Una de las expresiones más importantes de la realidad de su presencia, aun cuando no la vea, la describe Job, él dijo: "8Si me dirijo al oriente, no lo encuentro; si al occidente, no lo descubro.9Si él muestra su poder en el norte, yo no lo veo; ni tampoco lo veo si se oculta en el sur." (Job 23: 8-9).

Pero terminó diciendo: "Mas él conoce mi camino: si me prueba, saldré como el oro". (Job 23:10).

No dejemos que la duda neutralice nuestra obediencia. Salgamos sin temor o con temor, pero salgamos, y prediquemos el evangelio, para que podamos ver su presencia manifiesta.

CAPÍTULO 8

*i*mpulso

EL ESPÍRITU SANTO, EL RECURSO MÁS IMPORTANTE

"...Pero recibiréis poder cuando haya venido sobre vosotros el Espíritu Santo" (Hechos 1:8ª).

El mismo Espíritu Santo que obró poderosamente en Jesús a lo largo de su ministerio (Lucas 3:16,22; 4:1,14), es el que opera en la iglesia, y la llena de su poder para ir al mundo entero con el testimonio del evangelio del reino. Por eso Jesús les advirtió a sus discípulos que no hicieran nada hasta que recibieran este poder (Lucas 24:49; Hechos 1:4).

"Ciertamente, yo enviaré la promesa de mi Padre sobre vosotros; pero quedaos vosotros en la ciudad de Jerusalén hasta que seáis investidos de poder desde lo alto". (Lucas 24:49).

"Y estando juntos, les mandó que no se fueran de Jerusalén, sino que esperaran la promesa del Padre, la cual, les dijo, oísteis de mí". (Hechos 1:4).

Con el poder del Espíritu Santo es la única manera de lograr cumplir con la misión mundial de predicar exitosamente el evangelio.

Puedo imaginarme el énfasis de nuestro Señor Jesucristo, al ordenar a sus discípulos que no se fueran de Jerusalén hasta que recibieran la promesa que se les había prometido. Sin esa promesa cumplida sería imposible cumplir con la tarea de evangelizar al mundo entero.

El evangelista Marcos nos muestra la virtud que hay en recibir al Espíritu Santo, él dice: "Luego el Espíritu lo impulsó al desierto". (Marcos 1:12).

El papel del Espíritu Santo en la evangelización es impulsar al discípulo al desierto de la vida, para ofrecer el agua que quita la sed para siempre. No puede tenerse éxito en la empresa de la evangelización si no estamos bajo el impulso o el poder del Espíritu Santo.

En cierta ocasión, le preguntaron a Jesús, — ¿Qué debemos hacer para poner en práctica las obras de Dios?" (Juan 6:28); y "Respondió Jesús y les dijo: Esta es la obra de Dios, que creáis en el que él ha enviado" (Juan 6:29). Esta respuesta parece muy elemental, porque algunos pueden pensar que ya creen en Jesucristo y, por lo tanto, pueden hacer la obra de Dios. Pero no es tan sencillo.

Dios me ha permitido, con mucha frecuencia, hablar de la importancia de movernos bajo el poder, control o impulso del Espíritu Santo; normalmente comienzo mi exposición con esta pregunta: ¿Quiénes quieren hacer la obra de Dios? Por lo general, todos los presentes levantan las manos para afirmar que quieren hacer la obra de Dios. Amigo lector, si te hiciera esta pregunta a ti, ¿cuál sería tu respuesta?

Me imagino que tú también responderías positivamente.

Pero la verdad es que ningún ser humano, cristiano o no, puede hacer la obra de Dios. Porque sencillamente es la OBRA DE DIOS. Dios es el único que puede hacer su obra. Si nosotros pudiéramos hacer la obra de Dios, no tendríamos necesidad de su presencia.

Perdemos mucho tiempo intentando hacer lo que es imposible para nosotros.

La respuesta de Jesucristo a esta pregunta fue: "Esta es la obra de Dios, que creáis en aquel que él ha enviado". (Juan 6:29).

Todo lo que debemos hacer es creer en Jesucristo. ¿Qué debemos entender con la afirmación de creer en Jesucristo? Juan relata una escena muy interesante en la vida de Jesús. Se encontraba con sus discípulos, y les dijo:

"Pero yo os digo la verdad: Os conviene que yo me vaya, porque si no me voy, el Consolador no vendrá a vosotros; pero si me voy, os lo enviaré". (Juan 16:7).

Lo curioso de esta afirmación es que comienza diciendo: "...pero yo os digo la verdad..." ¿Habrá que suponer que Jesucristo no siempre decía la verdad? Él siempre dijo la verdad, pero lo que les iba a decir a continuación no parecía verdad.

Lo que Jesús dijo era muy difícil de creer. ¿Cómo es que convenía que él se fuera? ¿A quién le convenía? Con él, los discípulos se sentían seguros, no les faltaba nada. Si se iba, ¿Quién multiplicaría los panes y los peces? ¿Quién convertiría el agua en vino? ¿Quién sanaría a los enfermos o echaría los demonios fuera de las personas? Así que, ¿a quién le convenía que se fuera Jesús? Esto no era creíble. Pero era la verdad. Porque al irse, vendría el Espíritu Santo, que les había prometido; el cual no tendría ningún tipo de limitación geográfica, porque estaría en todo lugar al mismo tiempo, y haría de cada creyente, un instrumento poderoso en sus manos. Creer en Jesucristo, es caminar en una sujeción completa al control del Espíritu Santo.

El punto aquí es que debemos movernos en el poder del Espíritu Santo si queremos tener resultados favorables.

Hablar de la conveniencia de la ida de Jesús y la venida del Espíritu Santo es muy necesario.

Podemos resaltar algunas cosas importantes que vienen como resultado de que envió al Espíritu Santo.

El Espíritu Santo vino para convencernos de pecado; nos convence de pecado (Juan 16:8).

Todos los que hemos venido a Jesucristo para recibirlo como salvador de nuestras vidas, fuimos convencidos por el Espíritu Santo de que éramos pecadores que necesitábamos salvación.

EL ESPÍRITU SANTO NOS DA NUEVA VIDA

Una noche, un hombre llamado Nicodemo vino a Jesús y le dijo: "...—Rabí, sabemos que has venido de Dios como maestro, porque nadie puede hacer estas señales que tú haces, si no está Dios con él". (Juan 3:2).

Este hombre nunca esperó la respuesta que Jesús le dio: "Le respondió Jesús: —De cierto, de cierto te digo que el que no nace de nuevo no puede ver el reino de Dios". (Juan 3:3).

No se sabe a ciencia cierta la razón por la cual Nicodemo vino a Jesús de noche. Algunos alegan que lo hizo porque se avergonzaba de que lo vieran con Jesús, y buscó la oscuridad para esconderse. De ser eso cierto, la afirmación de Jesús cobra sentido, porque uno que ha nacido de nuevo no se avergüenza de Jesucristo.

Otros afirman que Nicodemo vino a Jesús de noche porque tenía mucho trabajo y no fue hasta que se desocupó que sacó tiempo para venir a Jesús. De ser así, también tiene sentido lo que Jesús le dijo, porque el que nace de nuevo les da prioridad a las cosas de Dios. Lo cierto es que Nicodemo quedó tan sorprendido de la afirmación de Jesús, que pregunto: ¿Cómo puede hacerse esto? (Juan 3:9). Hay una sola manera de nacer de nuevo, por cierto, no es por herencia, ni por esfuerzo propio, ni por algo que alguien haga por nosotros, eso lo entendemos por lo que dice Juan 1:12-13.

El nuevo nacimiento viene de Dios, por medio de nuestro señor Jesucristo. Eso fue lo que Jesús le dijo a Nicodemo. "Y como Moisés levantó la serpiente en el desierto, así es necesario que el Hijo del hombre sea levantado" (Juan 3:14). Jesucristo tenía que morir porque por su muerte se recibe vida nueva.

EL ESPÍRITU SANTO NOS INTRODUCE EN EL CUERPO DE CRISTO (1 Cor. 12:13).

No solamente recibimos una vida nueva sino también somos introducidos en el cuerpo de Cristo el cual es su iglesia. La iglesia está compuesta por todos aquellos que han salido del mundo para ser congregados en el Nombre de Jesús. Ahora somos parte de una gran familia. He tenido la bendición de visitar algunos países, siempre he sido tratado como un miembro más de la familia por aquellos que me ha recibido para hospedarme. Somos una familia Universal.

EL ESPÍRITU SANTO NOS SELLA.

"En él también vosotros, habiendo oído la palabra de verdad, el evangelio de vuestra salvación, y habiendo creído en él, fuisteis sellados con el Espíritu Santo de la promesa". (Efesios 1:13). El sello representa pertenencia.

Acabo de recibir un paquete que me envió un pastor desde otra ciudad. En el paquete se describe quién lo envía y a quién se envía. Sólo a quién se le envió puede recibirlo. Tiene su sello o su nombre, y otros datos. Lo que está adentro le pertenece.

El Espíritu Santo nos sella para mostrar que le pertenecemos a Dios, que Él es nuestro dueño absoluto y, al mismo tiempo, nos muestra la voluntad de Dios, y nos capacita para obedecerla.

EL ESPIRITU SANTO GARANTIZA LAS PROMESAS DE DIOS.

"Que es las arras de nuestra herencia hasta la redención de la posesión adquirida, para alabanza de su gloria". (Efesios 1:14).

La palabra del idioma original (griego), de la que traducimos en español, arras, es arrabon. El arrabon se usaba comúnmente para los negocios. Era una parte inicial del precio, un anticipo como garantía de que el negocio era serio.

Cuando Dios nos da el anticipo de sus promesas, el Espirita Santo, es para confirmar que todas sus promesas son reales en nosotros. Lo que el apóstol Pablo está diciendo es básicamente que la presencia del Espíritu Santo en nuestras vidas es un adelanto de todas las bendiciones del cielo para nosotros, y es la garantía de que el negocio se cerró, y con él todos los beneficios.

Recuerdo, como si fuera hoy, que mi esposa y yo fuimos invitados a un esfuerzo evangelizador, en EEUU. Llegamos muy cansados de aquel largo viaje. Nos recibieron en el aeropuerto y nos llevaron al hotel. Caímos como plomo en aquella cama de la habitación. Por la mañana siguiente nos preparamos para recibir a quien vendría a buscarnos para comenzar con el trabajo del día.

Estábamos en una sala que incluía un área donde había café y algunas otras cosas. De repente, alguien llego y se sirvió café. Le dije a mi esposa, en voz baja, ese café es gratis. Ella me dijo que no creía que fuera gratis, minutos después, otra persona llegó y se sirvió café, y se fue. Agarré a mi esposa de la mano y le dije: ven, que ese café es gratis. Por tener la limitación del idioma, no podíamos preguntarle a alguien. Así que en un acto de "fe" nos acercamos a aquel lugar donde estaba el café, y un montón de frutas y cualquier otra cosa para comer. Le serví café a mi amada esposa, y luego serví una para mí. Debo confesar que nos retiramos de aquel lugar con miedo de que alguien nos llamara la atención. Gracias a Dios no pasó nada. Cuando vinieron por nosotros, un miembro de la iglesia que pastoreamos y un norteamericano, le compartí la experiencia a mí a mi compañero de viaje, el cual se rió por un rato. Al verle reír de esa forma, el norteamericano le preguntó por qué se reía con tantas ganas, y mi hermano le explicó lo que le había compartido minutos antes. Para sorpresa de todos, el norteamericano detuvo el carro y salió de él para reírse inconteniblemente. Cuando regresó, le pedí a mi hermano que le preguntara por qué le causó tanta risa lo que escuchó, y respondió: "Con el pago de la habitación no sólo el café es gratis, sino el desayuno también. Lo ignorábamos, pero al día siguiente las cosas fueron diferentes, porque nos levantamos más temprano, y pudimos darnos un banquete, y llevar algunas cosas a la habitación.

Lamentablemente, ocurre lo mismo con muchos cristianos, que desconocen que cuando Dios nos dio el Espíritu Santo, con él vienen todas las bendiciones sobre nuestras vidas. Y nos las estamos perdiendo.

EL ESPIRITU SANTO NOS GUÍA A LA VERDAD.

"Pero cuando venga el Espíritu de verdad, él os guiará a toda la verdad; porque no hablará por su propia cuenta, sino que hablará todo lo que oyere, y os hará saber las cosas que habrán de venir". (Juan 16:13).

Esta es una de las bendiciones más necesarias en la vida cristiana. Siempre han existido movimientos con doctrinas extrañas, pero pareciera que en este tiempo se han unido todos al mismo tiempo.

Uno escucha cada movimiento, muy particularmente el apostólico y profético, que según sus enseñanzas, ellos son el resultado de la restauración del "tabernáculo de David". En otras palabras, Dios se reservó según ellos, lo mejor de su revelación para mostrarla en este tiempo. Sólo el Espíritu de Dios puede librarnos de semejante desvarío. Es necesario dejar al Espíritu Santo guiarnos para ser librados de falsas doctrinas, que no hacen otra cosa que distraernos del propósito de predicar el evangelio.

EL ESPÍRITU SANTO DEBE LLENAR NUESTRAS VIDAS.

"No os embriaguéis con vino, en lo cual hay disolución; antes bien sed llenos del Espíritu". (Efesios 5:18)

La llenura del Espíritu Santo se hace más necesaria para la tarea de la evangelización. Su influencia nos permite tener:

Victoria Personal. (Gálatas 5:22).
Nuestro carácter refleja el de Jesucristo. Su fruto en nosotros es notorio. ¿Quién no quiere vivir una vida donde el amor, gozo,

alegría, dominio propio, entre otras, cosas predominen? Sólo es posible cuando el Espíritu Santo nos controla.

Victoria Familiar (Efesios 5:21-6:1).
La victoria en familia sólo puede experimentarse en plenitud cuando el Espíritu Santo controla la vida de cada miembro de la familia. La esposa se sujetará a su esposo, como la iglesia a Jesucristo, cuando el Espíritu controle su propia vida; de igual manera, el esposo, los hijos y los padres, asumirán su rol o papel bíblico sólo con la llenura del Espíritu Santo. De otra manera ES IMPOSIBLE, aunque muchos sostengan lo contrario.

Victoria Eclesiástica (Mateo 16:18).
Jesús les dio instrucciones a sus discípulos acerca de que no se movieran de Jerusalén hasta que viniera sobre ellos el Espíritu Santo. (Hechos 1:4)(RV 1960)

Y luego añadió: "Pero recibiréis poder cuando haya venido sobre vosotros el Espíritu Santo, y me seréis testigos en Jerusalén, en toda Judea, en Samaria, y hasta lo último de la tierra". (Hechos 1:8)(RV 1960)

Todos los creyentes tienen al Espíritu Santo desde el día que se convirtieron o nacieron de nuevo. Como dijo Juan: "Vosotros tenéis la unción del Santo y conocéis todas las cosas." (1 Juan 2:20). "Pero la unción que vosotros recibisteis de él permanece en vosotros y no tenéis necesidad de que nadie os enseñe; así como la unción misma os enseña todas las cosas, y es verdadera, y no es mentira, según ella os ha enseñado, permaneced en él". (1 Juan 2:27) (RV 1960).

Cuando oigo a algún cristiano que ora y pide que venga sobre él, o sobre otro(s) cristiano(s) la unción del Espíritu Santo, me pregunto si está orando con el entendimiento. Porque según Juan, todos los que decidimos por Cristo, tenemos la unción del Espíritu Santo. Creo que esa oración debe cambiar, y lo que deberíamos pedir es que la unción del Espíritu Santo, que todo creyente tiene, sea la que tenga a cada creyente.

Cuando le permitamos al Espíritu Santo controlar, guiar, dirigir y usar nuestras vidas, estaremos en el centro de la voluntad de Jesucristo, porque eso es a lo que Él se refería cuando dijo: "He aquí, yo enviaré la promesa de mi Padre sobre vosotros; pero quedaos vosotros en la ciudad de Jerusalén, hasta que seáis investido de poder desde lo alto." (Lucas 24:49) (RV 1960).

Es evidente que en Pentecostés, el Espíritu Santo tomó el control absoluto de los discípulos del Señor Jesucristo, y fue por eso que Pedro se puso en pie y habló con denuedo la palabra de Dios. El poder del Espíritu Santo hará de cada creyente, un creyente con poder, para ser un instrumento por medio del cual Dios pueda hacer su obra. Y entonces, ocurrirá lo inimaginable.

Antes de la venida del Espíritu Santo los discípulos estaban escondidos, Dios cumplió con su promesa (Hechos 2:17; Joel 2:28-32). También Jesús cumplió con su promesa (Lucas 24:49; Hechos 1:4-5; Juan 15:26; 16:7).

Ellos recibieron el poder para testificar, sanar, echar fuera demonios y para cosas inimaginables, y esa manifestación poderosa del Espíritu Santo no fue algo que terminó con la era apostólica, sino que está al alcance de la iglesia en el día de hoy. Ese poder no es para gente distinguida, o personas especiales, está a la mano de cualquier cristiano, en cualquier lugar donde se encuentre. Está a la orden, esperando que alguien lo use. Mi oración es que tú seas ese alguien y escribas una página más de la historia del Nuevo Testamento.

Si queremos ser productivos en la evangelización, sólo necesitamos permitirle al Espíritu Santo que tome control de nuestra vida.

En (Lucas 5:1-11) tenemos un ejemplo práctico de lo que es dejarnos guiar por la Palabra y el control de Jesucristo en nuestra vida.

En una ocasión, los discípulos habían pasado toda la noche pescando, y nada habían pescado. Jesús aparece y dice a Pedro,

"Boga mar adentro, y echad vuestras redes"; Pedro obedeció, se dejó guiar o controlar, y habiendo hecho eso, "encerraron gran cantidad de peces, y su red se rompía". ¿Qué estableció la diferencia? Cuando se trata de ser "pescador de hombres" No importa cuánta experiencia tengas, ni con cuántos recursos cuentas, ni cuánta habilidad y estrategias conoces, ni siquiera que tengas todo a tu favor. Al igual que los discípulos, trabajarás sin obtener resultados. Lo único que necesitamos es: EL PODER DEL ESPIRITU SANTO, para una gran pesca en estos tiempos...

CAPÍTULO 9

*i*mperativo

DEBEMOS HABLAR DE LO QUE SABEMOS POR EXPERIENCIA

"...y me seréis testigos..." (Hechos 1:8).

"Vosotros sois testigos de estas cosas". (Lucas 24:48).

Se trata de la identificación de Jesús como el mesías, se relaciona con el cumplimiento de las Escrituras en la persona de Jesús. Se es testigo de su vida, sufrimiento, muerte y resurrección. Los primeros discípulos daban testimonio de esos hechos.

Puede hablarse de "testigos" históricos. Refiriéndose a aquellos que compartían lo que vieron, oyeron y palparon (1 Juan 1:1). Los que conocieron al Jesús encarnado, que vivieron los eventos de su vida, muerte y resurrección. Pablo habla de ellos como testigos, en Hechos 13:31; y no se incluye, porque él no estuvo en ese tiempo. Conoció a Jesús un tiempo después.

Pero el ser testigo de Jesucristo no se limita sólo a un sentido histórico. Una persona se convierte a Jesucristo y de inmediato debe convertirse en un testigo experimental de Jesucristo.

Ananías le dijo a Pablo que sería un testigo de Jesucristo (Hechos 22:15-20; 26:16). Aunque Pablo no fue testigo de la vida, muerte y resurrección de Jesucristo, fue un testigo de su encuentro con el Jesucristo resucitado. Por eso estuvo dispuesto a morir defendiendo su experiencia personal.

Todos los que hemos conocido al Cristo resucitado, tenemos nuestra propia historia para compartir. No perdamos de vista que nadie puede negar lo que experimentamos, puede que no lo crea o acepte, pero jamás negarlo.

Cuenta tu historia de conversión. Todos los discípulos bajo la unción o el control del Espíritu Santo, seremos verdaderos testigos de ese Dios que levantó al Señor Jesucristo de entre los muertos.

El Nuevo Testamento emplea la palabra "testigo", entre otras cosas, para referirse a un discípulo de Jesucristo, a alguien que puede no sólo hablar para compartir el evangelio, sino mostrar el evangelio de una forma irrefutable. Es por eso que, al referirnos a compartir el evangelio hablamos de testificar o dar testimonio (Hechos 20: 24).

Las palabras "testigo" o "testificar", en este caso, se relacionan con los que dan testimonio personal. Un testimonio personal es la narración que explica las circunstancias de vida que rodeaban al individuo antes de ser discípulo de Jesucristo. Es una historia autobiográfica que muestra la vida antes, y después de recibir a Jesucristo como Señor y Salvador personal, incluyendo cómo lo recibió.

Ser testigo de Jesucristo, implica también exponer cómo es un estilo de vida que muestra cómo viven los que han sido alcanzados por la gracia de Dios, y eso es más que palabras; no es un asunto de labios solamente, sino un vivo ejemplo de la calidad de conducta de un verdadero discípulo comprometido con su Señor y la causa del evangelio.

Podemos resumir que "dar testimonio" se refiere a la autoridad de la experiencia personal y la evidencia de una vida consecuente. No obstante, la definición de "testigo" a la que el Señor Jesucristo se refería, va mucho más allá que cualquiera de las ideas antes expresadas.

La palabra "testigo" tiene una connotación legal. Los discípulos de Jesucristo damos testimonio de la veracidad de la obra y las obras de Jesucristo como ciertas y verdaderas. El discípulo exalta, defiende a Jesucristo en un mundo que lo ataca y acusa de forma despiadada.

Esto no es de extrañar. La Biblia afirma categóricamente que este mundo está gobernado por Satanás, que es quien dirige todo ese ataque contra Jesucristo (Juan 12:31; 16:11).

Testificamos en medio de la oposición (Juan 15:18, 20, 25). El mundo aborrece, destierra, encarcela y mata a los defensores de Jesucristo.

1.   Un testigo es alguien que puede decir: "Yo sé que esto es verdad".
Un testigo es alguien que tiene conocimiento directo de ciertos hechos y declara delante de un tribunal de justicia lo que ha visto u oído. Da testimonio de lo que sabe, como el ciego que dijo: "Yo era ciego, y ahora veo" (Juan 9:25). En un juicio no se admite el testimonio de alguien que sabe algo porque lo ha oído por algún lugar. Tiene que saberlo de primera mano y por su propia experiencia. Tenemos el ejemplo de nuestro Señor Jesucristo, que dijo:

"Muchas cosas tengo que decir y juzgar de vosotros; pero el que me envió es verdadero; y yo, lo que he oído de él, esto hablo al mundo". (Juan 8:26).

Juan 8:38, "Yo hablo lo que he visto estando junto al Padre, y vosotros hacéis lo que habéis oído junto a vuestro padre".

Juan 8:40, "Pero ahora intentáis matarme a mí, que os he hablado la verdad, la cual he oído de Dios. No hizo esto Abraham".

1 Juan 1:1-3, "1Lo que era desde el principio, lo que hemos oído, lo que hemos visto con nuestros ojos, lo que hemos contemplado y palparon nuestras manos tocante al Verbo de vida 2—pues la vida fue manifestada y la hemos visto, y testificamos y os anunciamos la vida eterna, la cual estaba con el Padre y se nos manifestó—, 3lo que hemos visto y oído, eso os anunciamos, para que también vosotros tengáis comunión con nosotros; y nuestra comunión verdaderamente es con el Padre y con su Hijo Jesucristo".

Un testigo dice: "Yo era ciego y ahora veo"; "yo era esclavo, y ahora soy libre"; "yo estaba enfermo, y ahora estoy sano".

2.   Un testigo verdadero no lo es sólo de palabra, sino en toda su vida.
Debe hablar de su propia experiencia. "Bien predica, quien bien vive".

"Mal puede predicar en la calle o desde un púlpito quien no da buen testimonio dentro de la familia".

Antes de misionar en el extranjero, hay que misionar en casa, y a los vecinos.

(1 Tim. 1:3-5), "Como te rogué que te quedaras en Éfeso, cuando fui a Macedonia, para que mandaras a algunos que no enseñen diferente doctrina ni presten atención a fábulas y genealogías interminables, que acarrean discusiones más bien que edificación de Dios, que es por fe, así te encargo ahora. El propósito de este mandamiento es el amor nacido de corazón limpio, de buena conciencia y fe no fingida.".

No se trata de inventar una historia, sino de compartir nuestra historia personal, respaldada por un estilo de vida concordante.

3.   Un testigo es un Mártir
Ser testigo conlleva a ser fiel a la verdad, cueste lo que cueste. En ocasiones nos cuesta la vida. Algunos de los discípulos de Jesucristo murieron por causa del evangelio.   El primero que

murió por dar testimonio de Jesucristo fue Esteban, a quien apedrearon hasta morir. "Y echándole fuera de la ciudad, le apedrearon; y los testigos pusieron sus ropas a los pies de un joven que se llamaba Saulo. Y apedreaban a Esteban, mientras él invocaba y decía: Señor Jesús recibe mi espíritu. Y puesto de rodillas, clamó a gran voz: Señor, no les tomes en cuenta este pecado. Y habiendo dicho esto, durmió" (Hechos 7:58-60).

Sé que más de uno en el reino de Dios, está dispuesto a dar su vida, si eso sirve para que otra persona conozca a Jesucristo. Muchos no tenemos amenaza de perder la vida por dar testimonio, porque donde vivimos hay libertad para predicar, y no corremos riesgos de muerte. Pero algunos han negado su fe, por no perder un empleo o una posición de prestigio. Esto es vergonzoso. Un verdadero testigo de Jesucristo pone a su Salvador por encima de personas, propósitos y posesiones.

CAPÍTULO 10

influencia

TODOS DEBEN ESCUCHAR EL EVANGELIO

"… En Jerusalén, en toda Judea, en Samaria
y hasta lo último de la tierra."
Esto es igual a decir: "… a todas las naciones."

La influencia se describe como un crecimiento del evangelio, que el primer siglo se mostró que no tiene fronteras. La iglesia salió a los lugares señalados por Jesús.

Cuando uno hace un estudio del Nuevo Testamento y muy particularmente del libro de los Hechos, y hasta la mitad del siglo III (3), desde Pablo hasta Orígenes, señalando sólo lo que tiene que ver con la evangelización del mundo, en el estricto sentido de proclamar las buenas nuevas de salvación, encontramos, sin duda alguna, cómo la iglesia del primer siglo creció aun en medio de mucha oposición.

Jesús comisionó a un pequeño grupo de hombres para llevar la buena noticia, la tarea más grande y extraordinaria que jamás se ha conocido, como es anunciar el evangelio por el mundo entero. (Mt. 28:19)

Estos hombres eran gente muy poco conocida, no había en ellos nada que los hiciera diferentes al resto de los hombres, excepto que tuvieron un encuentro personal con Jesucristo.

Muchos de ellos eran personas con muy poca preparación educativa, no eran personas que poseían puestos de influencia. En su propio país, no eran nadie. Y de hecho, su propia nación no era sino una provincia de segunda clase en el extremo oriental del territorio Romano.

No contaban con muchos recursos para pensar que tendrían éxito en la misión encomendada.

Sin embargo, eran prisioneros de una pasión que los impulsaba al logro de la tarea asignada.

Aprovecharon   al máximo las condiciones históricas en las que vivieron, como por ejemplo.

La Paz Romana
Todo el mundo conocido estaba bajo el control de Roma, y eso de alguna manera ayudó a los cristianos en su plan de predicar el evangelio.

La red de caminos que Roma propició hacia todas partes del Imperio fue un gran aporte para difundir el evangelio. Los viajes podían hacerse más rápidamente y seguros. Esto fue aprovechado por la iglesia para expandir el evangelio.

Otra cosa que favoreció a la iglesia, fue la cultura griega.

Grecia contribuyó a la divulgación del evangelio. El griego se convirtió en el idioma universal. Grecia cayó bajo el Imperio Romano, y el griego se convirtió en el idioma común de oriente y occidente. El Latín no desapareció, pero fue en gran manera reemplazado por el griego.

La ventaja de un solo idioma, liberó la proclamación del evangelio. No fue necesario establecer (crear) escuelas de idiomas, y se evitaron las molestias de gente con un idioma distinto.

Estos factores favorecieron el crecimiento de la iglesia, de tal modo que hubo una explosión numérica de la iglesia.

Hechos 1:15, "En aquellos días Pedro se levantó en medio de los hermanos (los reunidos eran como ciento veinte en número...".

Hechos 2:41-42, "41 Así que, los que recibieron su palabra fueron bautizados, y se añadieron aquel día como tres mil personas. 42 Y perseveraban en la doctrina de los apóstoles, en la comunión unos con otros, en el partimiento del pan y en las oraciones".

Hechos 4:4, "Pero muchos de los que habían oído la palabra, creyeron; y el número de los hombres era como cinco mil".

Hechos 5:14, "Los que creían en el Señor aumentaban más, gran número de hombres y de mujeres".

Hechos 6:7, "La palabra del Señor crecía y el número de los discípulos se multiplicaba grandemente en Jerusalén; también muchos de los sacerdotes obedecían a la fe."

Hechos 16:5, "Así que las iglesias eran animadas en la fe y aumentaban en número cada día".

También hubo una penetración geográfica.
Lucas narra el proceso de cómo se llevó a cabo esa misión, no sólo en Jerusalén y Judea, sino también en Samaria y hasta lo último de la tierra.

Vemos pues que comenzaron en Jerusalén (Hechos 1:1 hasta 6:7).

Luego se extiende a través de Palestina y Samaria (Hechos 6:8, Hechos 9:31).

Llega a Antioquía (Hechos 9:32, Hechos 12:24).

Se dirige a Asia Menor (Hechos 12:35, Hechos 16:5).

Llega a Europa (Hechos 16:6, Hechos 19:20).

Y finalmente llegó a Roma (Hechos 19:21 hasta 28:31)

El evangelio entró en cada ciudad y en cada aldea levantando iglesias repletas de nuevos convertidos. Lo que produjo también un crecimiento.

El secreto de ese crecimiento, no pudo ser el trabajo de "profesionales" solamente, sino que cada cristiano, la gente común, las personas de quien no sabemos mucho, contribuyeron en la extensión del reino.

Aunque el cristianismo nace de la matriz del judaísmo, no fue fácil ganar a los judíos para Jesucristo. Menos para ese pequeño grupo de hombres sin preparación rabínica formal. Sólo con el Poder de Dios fue posible, así creció la iglesia del primer siglo.

Los nuevos convertidos, salieron a proclamar el nombre de Jesucristo, (Hechos 8:1).

Los "expatriados", los que salieron de Jerusalén a causa de la persecución, fueron quienes llevaron el evangelio a todos los lugares a donde iban (Hechos 8:4).

En la iglesia del primer siglo no había diferencia entre pastores con dedicación exclusiva y los discípulos, en cuanto a la responsabilidad de predicar el evangelio usando todos los medios posibles.

No contaban con templos para invitar a las gentes a sus reuniones, ni siquiera sabían nada de discursos que siguieran ciertos modelos homiléticos, no contaban con métodos, como tenemos ahora pero, sin duda alguna, hubo la más grande variedad posible al compartir el evangelio.

¿Qué estamos necesitando hoy? ¿Qué podemos hacer para impactar a la sociedad en la que vivimos, tal y como lo hicieron nuestros hermanos en el primer siglo?

No pretendo dar respuesta a esas preguntas, pero de una cosa estoy seguro; se necesitan personas con una genuina experiencia de conversión a Jesucristo.

Es muy difícil para alguien, que ha tenido un encuentro personal con Jesucristo, permanecer en secreto, a no ser por razones estratégicas.

Durante mi vida cristiana he compartido el evangelio con muchas personas, algunas han entregado su vida a Jesucristo. Soy testigo de conversiones de profesionales, empresarios, homosexuales, drogadictos, sicarios, por mencionar algunos; todos ellos explotaron en gratitud, y han compartido su historia con muchos otros.

No se trata sólo de buscar decisiones e impresionarse con eso. Recuerdo una ocasión en la que dirigía un evento masivo con un evangelista de renombre internacional, quien, al hacer el llamado, algunas pocas personas levantaron su mano en señal de haber hecho una oración de aceptación a Jesucristo, mientras bajaban las gradas, el evangelista dijo en voz alta: ¡centenares vienen! y fui testigo de que sólo una o dos decenas venían bajando. Debemos buscar conversiones más que decisiones.

Finalmente, se dijo de los discípulos: Hechos 17:6, "Pero como no los hallaron, trajeron a Jasón y a algunos hermanos ante las autoridades de la ciudad, gritando: Estos que trastornan el mundo entero también han venido acá;…" No hubo un solo lugar donde el evangelio no hiciera presencia. La iglesia del primer siglo, en pleno, asumió el compromiso, la responsabilidad y el privilegio de predicar el evangelio a toda criatura. La iglesia de hoy, debería imitar a la del primer siglo e su compromiso de predicar el evangelio a toda criatura. Toda iglesia está llamada a predicar en "su Jerusalén", lo cual se refiere al sector más cercano, o a su entorno. Somos responsables de nuestro vecino, compañero de estudio o de trabajo y de cualquier persona que se cruce en nuestro camino. Podríamos decir también que somos responsables de nuestra ciudad. También tenemos un compromiso con los del estado, el país y el mundo. El Señor fue muy claro cuando dijo: "... Jerusalén, toda Judea, en Samaria y hasta lo último de la tierra". (Hechos 1:8).

Podemos hablar de un contraste entre la iglesia de hoy y la iglesia del primer siglo.

CONTRASTE ENTRE LA IGLESIA DEL PRIMER SIGLO Y LA IGLESIA DEL SIGLO XXI

La iglesia del primer siglo tenía como prioridad la evangelización; en el día de hoy eso no es prioritario; se tiene mucho más interés en la prosperidad del creyente que en la salvación de los perdidos. Hay una profunda preocupación por los títulos, como el de apóstol y profeta, que buscar el título de ser un verdadero cristiano.

La iglesia del primer siglo tenía una profunda pasión por las almas; en este siglo pareciera que no hay una clara conciencia de lo que es tener o no tener a Jesucristo como salvador personal.

El apóstol Juan dijo: "El que tiene al Hijo, tiene vida eterna; el que no tiene al Hijo de Dios no tiene vida eterna". (1 Juan 5:12).

La iglesia del primer siglo era muy obediente a la voz del Espíritu Santo, y estaba muy atenta a su dirección.

En la iglesia de hoy es más importante la organización y los comités y las reuniones interminables, que la oración y la sumisión.

La iglesia del primer siglo tenía a cada creyente como un testigo, hoy en día se deja el trabajo de la evangelización a algunos "especialistas".

La iglesia del primer siglo hacía los contactos, buscando a los perdidos por donde fuera necesario, ahora se les invita a venir al templo.

La iglesia del primer siglo proclamaba el evangelio en cualquier lugar, hoy en día son pocos los que se atreven a hablar del evangelio en algún lugar.

La iglesia del primer siglo veía conversiones reales, cambios de conductas radicales, se dejaba el paganismo por el cristianismo, la vida religiosa pasaba a una nueva relación con Dios. Se abandonaba la inmoralidad y los cambios eran evidentes. Actualmente, la vida de los cristianos no se diferencia mucho de los no cristianos, y hay que tener mucho cuidado para no ofender a las personas pidiéndoles que cambien, porque "pueden molestarse y nunca más regresar al templo".

La iglesia del primer siglo nos dejó un poderoso ejemplo a seguir, y es por eso que el reverendo James Kennedy describe la influencia de la iglesia del primer siglo en estos términos:

"De esa manera la iglesia de Jesucristo logró los resultados más sorprendentes en trescientos años. Todo el imperio romano había sido invadido y saturado por el poder del Evangelio de Cristo, el cual, en labios de sus seguidores, cruzó mares, desiertos, penetró en las selvas más oscuras, entró en la ciudad y pueblos, y finalmente en el senado y en el mismo palacio de Roma, de tal manera que alguien dijo: estamos en todas partes, estamos en tus ciudades y pueblos, estamos en tus palacios, estamos en tu armada y marina, estamos en tu senado, SOMOS MÁS NUMEROSOS QUE CUALQUIERA".

Los primeros discípulos entendieron y aceptaron que el poder de Jesucristo era superior a cualquier otro poder, porque nada podía resistirse ante su autoridad. Salieron en obediencia a lo orden de "Id"; fueron y predicaron en todas las ciudades y aldeas. Bautizaron a los que iban creyendo, los enseñaban como ellos fueron enseñados, los involucraban en aquello para lo que fueron equipados, tenían una conciencia clara de la presencia permanente de Jesucristo con ellos, aprendieron el secreto de ser controlados por el Espíritu Santo, y dependían de su poder permanentemente. Fueron verdaderos testigos de los padecimientos de Cristo, y estuvieron dispuestos a morir por defender su fe. No es de extrañar que el evangelio se convirtiera en una amenaza para todos aquellos que adversaban a Jesucristo, y que se dijera de los cristianos, que trastornaban al mundo entero.

Hoy en día el evangelio sigue cruzando mares, penetrando en tierras desérticas y en selvas inhóspitas, llegando a grandes ciudades que parecen selvas de concreto; muchos siguen sembrando con lágrimas, alejados de sus familias y las comodidades de las grandes urbes. Gracias a Dios que hay un remanente fiel, pero de lo que se trata es que haya una iglesia fiel, que cada creyente piense que es el único que tiene el compromiso de proclamar las buenas nuevas a un mundo que cada día se sumerge más en la ignorancia, la idolatría, el escepticismo, en el materialismo, la inmoralidad y otras cosas similares.

Pastoreo una iglesia por más de 27 años, me he dedicado básicamente a enfatizar la necesidad de extender el Reino de Dios. Por la pura gracia de Dios, y siendo una iglesia sin muchos recursos financieros, tenemos, por más de 10 años, a una misionera en el norte de África haciendo un trabajo que, por razones de seguridad, no podemos describir, pero que, sin duda alguna, realiza una obra extraordinaria.

Hace 8 años, enviamos una familia, como misioneros, a España. Igualmente, y por más de 10 años, enviamos a una pareja a trabajar con indígenas venezolanos, los cuales, actualmente, son responsables de un proyecto nacional que busca alcanzar para Cristo a todas las comunidades indígenas de Venezuela.

Hoy, al igual que ayer, es necesario que la iglesia despierte cual gigante, y salga a la conquista de este mundo, confiando plenamente en Aquel que dijo:"…Toda potestad me es dada en el cielo y en la tierra. Por tanto, id, y haced discípulos a todas las naciones, bautizándolos en el nombre del Padre, y del Hijo, y del

Espíritu Santo; enseñándoles que guarden todas las cosas que os he mandado; y he aquí yo estoy con vosotros todos los días, hasta el fin del mundo". (Mateo 28: 18-20); "…pero recibiréis poder, cuando haya venido sobre vosotros el Espíritu Santo, y me seréis testigos en Jerusalén, en toda Judea, en Samaria, y hasta lo último de tierra". (Hechos 1:8).

Conclusión

En la Gran Comisión, encontramos un tesoro tan valioso, que quien lo encuentre, sin duda alguna experimentará una vida extremadamente victoriosa a la hora de compartir el evangelio de nuestro Señor Jesucristo. Entender la profundidad de las últimas palabras dichas a sus discípulos, después de la resurrección, y antes de enviarles por todo el mundo a predicar las buenas nuevas de salvación, debe ser de extrema prioridad. Quienes las escucharon directamente de los labios de Jesús, salieron y literalmente conquistaron muchos espacios importantes, de tal forma que se dijo de ellos: "Estos que trastornan el mundo entero también han venido acá;". (Hechos 17:6). Ahora bien, si todos aquellos que hemos conocido a Jesucristo como Señor y Salvador personal, creyéramos, como los primeros discípulos creyeron, que Jesucristo es Dios, y que por lo tanto su poder no tiene límite ni en el cielo, ni en la tierra, y que ha prometido que estará con nosotros todos los días de nuestra vida, saldríamos, como aquellos primeros discípulos a conquistar este mundo con el poder que nos acompaña siempre, y haremos que el reino de Dios sea establecido en esta tierra. Nada ni nadie podrá detenernos. Aunque esto parezca una misión imposible, les animo a apropiarnos de las palabras de Jesús dichas a María ante la tumba de Lázaro. "Jesús le dijo: ¿No te he dicho que si crees, verás la gloria de Dios?". (Juan 11:40)

Bibliografía

1.   Dick Eastman. La Universidad de la Palabra. Traducido al Castellano por José Silva D, Editorial vida.
2.   Avery Willis. Jr. La Base Bíblica de las Misiones. Traducido por Josie de Smith. El Paso Texas: Casa Bautista de Publicaciones, 1979.
3.   Keith Phillips. Id y Haced Discípulos. Traducido por Mario Casanella. Editorial Vida, 1981.
4.   John H. Oak. Discipulado y Crecimiento Integral de la Iglesia. Ediciones Kairos, 2006.
5.   Luisa J. De Walker. Evangelismo Dinámico. Editorial Vida.
6.   Richard Sisson. Prepárese para Evangelizar. El Paso Texas: Casa Bautista de Publicaciones, 1984.
7.   Roy L. Lyon. El Evangelismo según la Gran Comisión. Casa Bautista de Publicaciones.
8.   John R.W. Stott. La Misión Cristiana Hoy. Ediciones Certeza, Argentina, 1977.
9.   David Watson. Creo en la Evangelización. Miami, Florida: Editorial Caribe, 1978.
10.   Eduardo Blanco, Venezuela Heroica, 1982, pág. 43.
11.   Guillermo MacDonald. El Verdadero Discipulado. B r o m l e y ,   K e n t England: Distribuido por, Envia la Luz Box 48.
12.   Juan Wesley. El Verdadero Discípulo. Barcelona: Editorial Clic, 2007.
13.   Edwin Forrest Hollenbeck. La Pasión por las Almas. El Paso, Texas: Casa Bautista de Publicaciones. Segunda Edición, 1963.
14.   Duewel Wesley. 2012. Clamor por las Personas. 02/05/2012. Disponible: http://ivanetnos.blogspot.com/2012/05/clamor-por-las-personas.html.
15.   Rick Warren. Una Iglesia con Propósito. Miami, Florida: Editorial Vida, 2002.